A JORNADA DA LIBERDADE

CARO LEITOR,
Queremos saber sua opinião sobre nossos livros.
Após a leitura, curta-nos no facebook/editoragentebr,
siga-nos no Twitter @EditoraGente e no
Instagram @editoragente e visite-nos no site
www.editoragente.com.br.
Cadastre-se e contribua com sugestões,
críticas ou elogios.
Boa leitura!

FAGNER BORGES
CRIADOR DO MOVIMENTO FREESIDER

A JORNADA DA LIBERDADE

AS 4 COMPETÊNCIAS PARA SE TORNAR O LÍDER DA PRÓPRIA VIDA E PARAR DE SOFRER PELA FALTA DE TEMPO E DINHEIRO

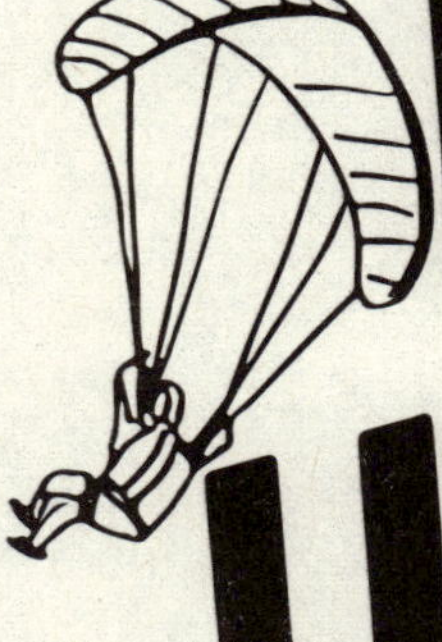

A escolha é sua!

PREFÁCIO DE
CHRISTIAN BARBOSA

Gente editora

Diretora
Rosely Boschini

Gerente Editorial
Carolina Rocha

Assistentes Editoriais
Juliana Cury Rodrigues e
Natália Mori Marques

Controle de Produção
Fábio Esteves

Preparação
Entrelinhas Editorial

Projeto gráfico, Diagramação e Revisão
Página Viva

Capa
Thiago de Barros

Impressão
Rettec Gráfica

Rua Wisard, 305 — sala 53,
São Paulo, SP — CEP 05434-080
Telefone: (11) 3670-2500
Site: www.editoragente.com.br
E-mail: gente@editoragente.com.br

Dados Internacionais de Catalogação na Publicação (CIP)
Angélica Ilacqua CRB-8/7057

Borges, Fagner
A jornada da liberdade : as 4 competências para se tornar o líder da própria vida e parar de sofrer pela falta de tempo e dinheiro / Fagner Borges. -- São Paulo : Editora Gente, 2018.
208 p.

ISBN 978-85-452-0245-5

1. Sucesso 2. Sucesso nos negócios 3. Autorrealização I. Título

18-0202 CDD 650.1

Índice para catálogo sistemático:
1. Sucesso nos negócios 650.1

Dedicatória

Dedico este livro a todas as pessoas que vivem sufocadas pela rotina massacrante e que buscam desesperadamente uma saída para essa escravidão moderna. Que buscam viver mais e melhor.

Agradecimentos

Em primeiro lugar, quero agradecer aos milhares de Freesiders espalhados pelos quatro cantos do mundo que acompanham meu trabalho nas redes sociais, no nosso blog em eventos e propagam esse estilo de vida. É graças a vocês que posso transmitir minha mensagem e ajudar milhões de pessoas a alcançar a liberdade. Vocês tornam possível que eu viva da minha missão: "Ajudar pessoas sufocadas pela rotina a se sentirem vivas, alcançando a liberdade de tempo, mobilidade e dinheiro".

Quero agradecer também ao meu pai, Jodenon, e à minha mãe, Nélis, que fizeram das tripas coração para que eu tivesse uma educação digna e são os melhores pais que eu poderia ter. É graças à dedicação incansável e aos valores de honestidade e comprometimento que eles ensinaram que me tornei a pessoa que sou hoje.

Quero agradecer à minha esposa, Gabi, que me ajudou a escrever o livro e se dedica diariamente a levar essa mensagem para o máximo de pessoas possível. Uma pessoa incrível que se esforça dia a dia para transformar a vida das pessoas que nos acompanham.

Aos meus irmãos, Fábio, Chrystian e Ana Flávia, e meu cunhado Diego que sempre nos dão forças e não medem esforços para atender a um pedido urgente de ajuda (que chega com bastante frequência).

Ao meu sogro, Marcos, e a minha sogra, Luciana, que sempre ajudam no que é preciso e me perdoam sempre que levo a Gabi para viagens pelo mundo.

À minha eterna equipe da Praia Digital: Rodrigo, Mário, Rodolfo, Hugo, Ronaldo, Samuel, Iron, Gabriel, Kalyne, Edu, Bruno, Marco, Nanda, Cesar e Edynaldo, que sempre seguraram as pontas e acreditaram no nosso sonho de levar essa mensagem para o mundo, incansáveis na missão de libertar pessoas dessa rotina maluca.

Ao grupo de Empreendedores de Recife que criamos em 2014 e que lá no começo me incentivou a ensinar o que eu sabia e sempre deu forças para eu seguir em frente e superar obstáculos.

À Rosely, Carolina e toda a equipe da Editora Gente, que tiveram bastante paciência, profissionalismo e dedicação para conseguir publicar esta obra.

E, por último, quero agradecer aos familiares, amigos, parceiros de negócios, seguidores e alunos que não citei nominalmente aqui, mas que são os pilares que permitiram que tudo isso fosse construído; e também às inúmeras pessoas que fizeram e fazem parte dessa história e que possibilitaram que o movimento Freesider crescesse e tomasse corpo para que mais pessoas sejam transformadas.

A todos que de alguma forma tornaram essa jornada possível, meu muito obrigado.

Atitude!

Sumário

Prefácio

O que é ter tempo de verdade para você?

Já parou para pensar nessa questão de fato? A maior parte das pessoas está tão apressada na vida, que não consegue nem mais compreender, de verdade, o que significa ter tempo. Ter tempo já se tornou uma utopia ou um artigo de luxo para poucos.

Fomos criados pela sociedade e pelos nossos pais para entender que a forma de dar certo no mundo é por meio de uma boa faculdade, um emprego e, consequentemente, crescendo nesse emprego. Depois, casar, ter filhos, e lá na frente se aposentar e curtir a vida mais levemente.

O enredo parece perfeito, mas não é. Você começa a trabalhar enquanto provavelmente ainda está terminando a faculdade, e aí se inicia uma dupla jornada: acordar cedo, ir para o trabalho e depois faculdade. Aos sábados tem de fazer tarefas da faculdade como se você tivesse 40 horas livres por dia. Além disso, ainda há a cobrança dos amigos, da namorada ou da esposa, o que o deixa cansado e sem energia. Dessa forma, tudo começa a ficar sem sentido. Você vive correndo para lá e para cá e ainda não ganha o que acredita que deveria e não tem tempo para nada.

Eu trabalho com o assunto da produtividade e alta performance desde 2002, quando nem se falava nisso no Brasil. Meu livro, *A tríade do tempo*, é até hoje a maior referência no assunto no país. Nossa metodologia já foi replicada a mais de 2 milhões de pessoas ao redor do mundo. E, com isso, boa parte do nosso trabalho é treinar funcionários das maiores empresas globais para usarem melhor o tempo.

Meu desafio é fazer com que eles produzam mais na empresa, obviamente, mas também não esqueçam daquilo que realmente é importante e faz sentido na vida: da família, do lazer, do esporte, de buscar fontes secundárias de renda. Muitos conseguem enxergar uma luz no fim do túnel, mas outros tantos continuam presos na roda do hamster. É possível ter resultado e qualidade de vida como funcionário de uma empresa? Claro que sim e não tem nada de errado com isso, se esse for o seu perfil.

No entanto, de uns 15 anos para cá, quando começou a se popularizar no Brasil o tal do empreendedorismo, muitas dessas pessoas que se sentiam presas na roda do hamster do emprego formal começaram a pensar: E se eu trabalhasse para mim mesmo? E se eu criasse uma empresa e fosse dono do meu próprio tempo? E se eu ainda ficasse milionário como os empresários que vejo na TV?

E muita gente foi empreender. Muitos quebraram logo de cara e desistiram, outros quebraram, mas persistiram até terem resultado, e alguns criaram negócios incríveis e começaram a ter muito sucesso, mas poucos se tornaram realmente donos do próprio tempo. Quem disse que empreender seria algo que o libertaria? Muitos empreendedores saíram da roda do hamster do emprego e criaram uma roda-gigante do hamster na própria empresa, diminuindo ainda mais o tempo pessoal, e tornando-se escravos de si mesmos.

Claro que a ausência de um método de produtividade na rotina diária desses funcionários ou empreendedores é o que falta para terem uma realidade com mais performance, resultados e equilíbrio. Todo mundo precisa aprender a gerenciar melhor o tempo, a planejar do jeito correto, a priorizar o que deve ser feito, a dizer não com segurança, a ter uma excelente definição de indicadores e uma estratégia de execução para atingi-los.

E aqui eu retorno à pergunta. O que é realmente ter tempo para você? Para mim, é ter resultados expressivos e o equilíbrio de poder escolher o que fazer e onde. Na melhor definição, é ter liberdade, o que não tem preço, sem um relógio para marcar as horas! Liberdade é algo com a qual nascemos, mas perdemos ao longo dos anos, não é verdade?

Eu adoro dizer que o que faço é dar liberdade para as pessoas. Forte isso, não? E foi assim que eu conheci o Fagner. Fui impactado por um anúncio dele que dizia *freesider*. Eu achei o conceito animal, ou seja, o conceito de liberdade para traçar seu caminho. Assisti ao vídeo dele na praia em que falava que ganhava dinheiro enquanto surfava, e achei o máximo!

Eu acompanhei todo o lançamento do negócio dele, e achei muito viável a maneira como ele ensina as pessoas a criarem a própria liberdade. Um dos conceitos que Fagner apresenta é a importância de todos sermos vendedores, independentemente da sua área de atuação. E essa é uma lição obrigatória.

Desde que iniciei minha primeira empresa, eu vendia projetos de desenvolvimento de software. Nós éramos bem pagos por projetos, porém os projetos terminam, ou seja, precisávamos ter um time de vendas ativo ou o fluxo de caixa sofreria. Quando vendi essa empresa, coloquei na cabeça a estratégia de ter vários negócios que gerassem dinheiro ao mesmo tempo, com o menor uso possível do meu tempo. Quem coloca todos seus ovos na mesma cesta, aumenta seu risco, seu estresse, consome tempo e ainda tem os mesmos sabores de desafios. E eu gosto de variedade.

Um *freesider* é o cara que aprende a ter variedade, usando o tempo de forma inteligente e com liberdade para fazer isso de onde quiser. Incrível, não?

Quando o Fagner me convidou para escrever o prefácio deste livro, tive a certeza de que nada acontece ao acaso. Assistir ao primeiro vídeo dele, conhecê-lo pessoalmente e ainda descobrir que ele já era meu leitor e curtia demais *A tríade do tempo*, e agora poder retribuir escrevendo este prefácio, parece a lei do carma ou o "acaso divino".

Espero que você dedique seu tempo a esta leitura, que tenha um compromisso consigo mesmo. E não digo um compromisso de apenas ler este livro, mas de colocar em prática as 4 competências dos Freesiders que o Fagner irá ensinar para você em um período de pelo menos seis meses! Se conseguir em dois meses ou outro período, ótimo! O que não vale é só ler o livro. Precisa aplicar, fazer acontecer, usar seu tempo hoje para criar liberdade amanhã. É isso que importa.

Nós nos encontramos pelo mundo!

Vamos andando, que a vida passa rápido demais para quem vive correndo.

Christian Barbosa

Autor do livro *A tríade do tempo*

Eu acredito que o mais importante é viver experiências, momentos de lazer; compartilhar boas coisas com o mundo, com as pessoas que amamos – e receber tudo isso de volta.

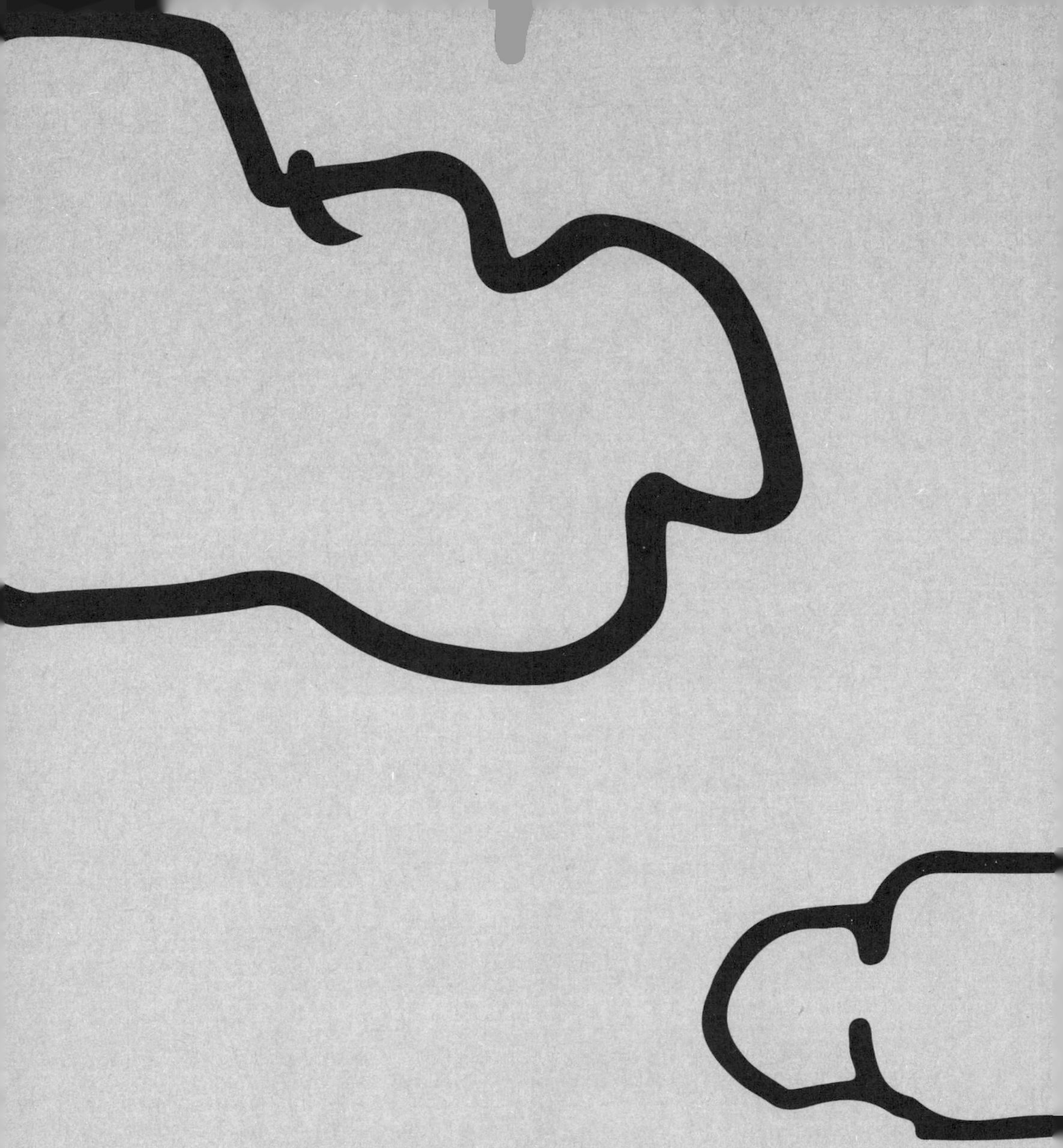

Introdução

Você. Você mesmo que acabou de comprar este livro – ou ainda não tomou essa decisão e, por enquanto, está apenas *dando uma olhadinha* em uma loja ou livraria. Pode ficar tranquilo: este não é um daqueles comerciais de TV que simula uma conversa com o espectador para tentar convencê-lo de que todos, absolutamente todos os seus problemas serão resolvidos em um passe de mágica. Eu não estou aqui para oferecer um milagre que irá transformar sua vida da noite para o dia.

A primeira coisa que você precisa saber sobre mim é que prezo muito pela transparência – e, assim, não poderia prometer uma pílula mágica que cura tudo em um instante. Antes de conversarmos mais, preciso te contar uma história.

Provavelmente você vai se identificar porque essa é a história vivida por centenas de milhões de pessoas ao redor do mundo. Gente que acredita ter perdido o controle da própria vida em algum momento que ainda não conseguiu identificar. Sabe quando você está dirigindo e não quer a ajuda de nenhum aplicativo ou mapa? A clássica discussão de relacionamento a quatro rodas. Você erra a primeira rua, depois a segunda, a terceira e, quando menos espera, não faz a mínima ideia de onde está.

Muita gente demora anos para perceber que jamais pensou em ajustar as coordenadas da própria vida. Felizmente, eu não acredito no *tarde demais*. E você também não deveria.

Mas não é fácil, certo? Acordar toda manhã sentindo-se um verdadeiro escravo. Escravo das contas que precisa pagar no fim do mês, escravo do chefe, escravo da rotina. Escravo de um mundo cujas curvas e caminhos não lhe ensinaram. Você aprendeu a fazer soma, subtração, multiplicação e divisão na aula de matemática. Decorou parte da tabela periódica (que já deve ter esquecido, certo?), como usar os porquês e o ano em que a Segunda Guerra Mundial terminou (setembro de 1945, caso sua memória não esteja tão fresca hoje).

O problema é que, no colégio, não nos ensinam a decifrar o rumo que queremos para nossa vida. Como pequenas máquinas, somos obrigados a seguir padrões: estudar alguma coisa que dê o mínimo de dinheiro, encontrar um emprego estável e lidar da melhor forma possível com as adversidades que nos aparecem – ou simplesmente empurrar com a barriga até que tudo se resolva.

Não parece a situação mais animadora do mundo. E ela piora, por um simples motivo: em algum momento, a vida nos cobra por tudo aquilo que deixamos passar.

Você conseguiu, sim, um emprego estável, mas odeia estar lá. Encontrou um grande amor, mas, por conta da rotina atarefada, parece impossível conciliar suas agendas para uma simples viagem para a praia. Caso tenha filhos, sente-se amedrontado com a simples possibilidade de, por conta de tantas tarefas para cumprir, perder momentos incríveis da relação entre vocês – seja uma apresentação do colégio, uma simples ajuda na lição de casa ou uma daquelas conversas que todos os pais precisam ter com seus pequenos – ou nem tão pequenos assim.

Encarar essa realidade é olhar para um espelho borrado, disforme, que não parece refletir tudo aquilo que acreditamos ser. E por mais que muita gente dê risada daquela tristeza dominical, que vem acompanhada de vinhetas dos programas que já estão no ar há décadas, anunciando que, sim, você vai precisar colocar o celular para despertar antes das nove da manhã (dói só de ler, né?), para enfrentar o trabalho mais uma vez.

Você pode pensar que não é por falta de tentativa. Que você tem projetos. Já pensou em estudar algo diferente, abrir seu próprio negócio ou tentar dar um *up* na sua carreira.

No entanto, falta energia. Falta foco. Falta aquele brilho nos olhos que a vida parece ter tirado de você com tantos problemas para resolver e contas para pagar.

É muito simples entrar em parafuso ao se deparar com questões desse tipo. O motivo não é segredo para ninguém: nessas horas, a vida se transforma em uma locomotiva desgovernada – e pior ainda é não fazer a mínima ideia de qual parafuso está faltando, especialmente quando você é o maquinista.

Mas calma: não precisa pular do trem – até porque se curar de todos os machucados custaria mais dinheiro, tempo, e traria mais problemas, coisas que a gente não quer agora, certo?

Estou aqui para te dizer algo do fundo do meu coração – reiterando, uma vez mais, minha promessa de manter-me transparente com você durante todas as páginas deste livro: você não está sozinho no mundo. É comum se enxergar num universo de problemas e crer que aquilo só acontece com você – mas essa chuva que cai na sua cabeça não é uma minúscula nuvem que azeda só a sua rotina. É uma tempestade de proporções bíblicas que atinge mais gente do que você imagina.

Sabe qual é a boa notícia nisso tudo?

O fato de você não ser a única pessoa a passar por isso também significa que existe muita gente por aí disposta a encontrar as melhores soluções para abandonar essa situação. E essa foi a minha maior motivação para escrever o livro que você está segurando nas mãos neste exato momento.

A segunda coisa que você deve saber é que precisar de dinheiro é diferente de mudar a forma como você encara esse símbolo – e o gasta. Nós ainda conversaremos muito sobre isso, mas a primeira pulga que você precisa colocar atrás da orelha é exatamente esta: muitas vezes o grande problema não é o salário que gastamos, mas a maneira como empregamos o dinheiro.

E, para deixar isso mais claro, recomendo um raciocínio simples: muita gente, ao olhar para trás e encarar seu passado profissional, percebe que recebia um salário muito menor do que atualmente – e não consegue entender como, ainda assim, não vive de maneira confortável.

A terceira coisa que você precisa saber é que todos nós somos vendedores natos. Esta foi uma verdade que me atingiu de uma forma inescapável um dia, e eu sempre fui uma pessoa que tinha dificuldades com vendas. Só de pensar nisso, sentia calafrios – o que foi um imenso problema para mim, já que trabalhei em loja de brinquedos, vendi purificadores de água e até mesmo aqueles produtos que você vê em comerciais cafonas da TV, mas não consegue parar de assistir

Você não acredita que todos somos vendedores? Então pense em todas as vezes que você procurou um emprego – seja na hora de organizar seu currículo, seja na própria entrevista para a vaga: você estava se vendendo profissionalmente.

Quando tenta convencer seu chefe a investir em algo – ou até mesmo quando era criança e queria convencer seus pais a lhe comprar alguma coisa ou deixar que o futebol da rua se estendesse até mais tarde –, está realizando uma venda, mediando uma negociação.

Infelizmente, graças a uma revisão errada de valores, o vendedor é uma figura marginalizada pela sociedade. Vender parece feio, chato, sinônimo de fracasso. Essa ideia fica tão impregnada em nosso subconsciente que paramos de vender as coisas boas da nossa vida – e deixamos que a locomotiva fique ainda mais sem controle.

No fim das contas, bons vendedores ganham mais que qualquer médico ou advogado. Ao aceitar essa condição inerente, você consegue encontrar uma série de oportunidades que pulam na sua frente – e elas estavam ali o tempo todo, era apenas questão de enxergá-las.

Uma empresa não sobrevive sem clientes, e você é uma empresa de um homem só. Se não souber se vender, estará fadado ao fracasso – mas a história não é essa. Se você já teve um emprego, parabéns: conseguiu realizar uma ótima venda pelo menos uma vez. E abraçar suas aptidões é mais uma curva certa na estrada da vida.

Falei três coisas e você chegou até aqui. Provavelmente deve estar curioso com o *pulo do gato*, aquela frase que vai fazê-lo pensar "é uma cilada". Calma. Respire fundo. Está tudo bem.

O ponto é que, se nós estamos aqui (eu, em formato de linhas, frases e algumas piadas que, se tudo der certo, vão fazê-lo rir no meio desta jornada), é para melhorar. Ninguém consegue viver estagnado, sem olhar para o futuro. Isso não é viver, é apenas existir. E eu sei que, aí no fundo, você não quer apenas existir.

Eu sou o criador do *mindset freesider*, uma forma de ressignificar a maneira de enxergar o mundo e encarar o trabalho. Não é uma fórmula mágica, uma pílula ou um produto: é um caminho trilhado para melhorar a vida. Eu acredito que o mais importante é viver experiências, momentos de lazer; compartilhar boas coisas com o mundo, com as pessoas que amamos – e receber tudo isso de volta. Do que adiantaria, no fim das contas, trabalhar muito, ganhar muito dinheiro e não ter nenhum tempo útil para ser feliz?

Dinheiro por si só nunca é suficiente. E ainda que a independência financeira seja um objetivo de todos nós – e algo que você irá aprender a obter –, também é preciso olhar para dentro e buscar o que nos faz verdadeiramente felizes como pessoas.

Esta é a minha proposta para você. Que juntos possamos entender o que você precisa mudar e conquistar para atingir seus sonhos – e entender que sonhos não significam metas inatingíveis, mas aqueles acontecimentos que trazem leveza e satisfação.

Chegou a hora de assumir o controle da sua vida e conquistar tudo o que é seu por direito.

Muita gente demora anos para perceber que jamais pensou em ajustar as coordenadas da própria vida. Felizmente, eu não acredito no tarde demais. E você também não deveria.

Capítulo 1
Você pode mudar o rumo das coisas

O dia a dia

O despertador do celular toca toda manhã no mesmo horário. Não importa os números que aparecem no visor: é sempre cedo demais. Mais cedo do que você gostaria, é claro, porque na maioria das vezes o atraso é garantido – e aí é preciso realizar todas as tarefas com a maior pressa do mundo: tomar banho, se vestir, virar uma xícara de café sem sequer saborear o líquido e correr para o trabalho.

Seja no transporte público, seja dentro do carro, o trânsito incomoda e tira qualquer resto de paciência que poderia ter sobrado antes de a chave trancar a porta de casa e jogá-lo para a rua. Antes mesmo de chegar ao trabalho, você já está arrependido, desejando que tivesse outra vida, outra rotina e outra maneira de viver.

Você olha outras pessoas que conhece vivendo uma vida maravilhosa, publicando, em seus perfis de redes sociais, imagens em lugares paradisíacos, curtindo férias fora de temporada, aproveitando tudo o que o mundo tem para oferecer. E, claro, sente-se deslocado, incomodado, deprimido. O motivo é simples: nada disso está acontecendo com você – e parece que nada conspira a seu favor.

Essa era a vida de Luciana Mussoi, a curitibana de 33 anos que trabalhava como pedagoga de projetos em uma instituição de nível nacional no Paraná. Ainda assim, não se sentia valorizada: apesar da proatividade e da vontade de inovar, seu ambiente de trabalho não permitia ir além – seja pelas burocracias da empresa, seja pelas tentativas de derrubá-la, realizadas por colegas (nem um pouco colegas) de trabalho.

E isso é comum: uma vez no seu emprego, é como se os ponteiros parassem de correr e decidissem tirar uma soneca: o tempo para – e não há demanda suficiente para fazê-lo voltar ao normal. Parece que uma semana inteira consegue percorrer as horas que você precisa passar dentro do seu local de trabalho. No entanto, finalmente, depois de infinitas horas, você consegue ir para casa.

Com pouco tempo para aproveitar, você prioriza a novela, o jornal ou alguma série na intenção de esquecer o trabalho e aquele dia cansativo. Ainda assim, os problemas não param de correr na frente dos seus olhos: contas atrasadas, cansaço, falta de disposição, uma tristeza que parece preencher o peito. A ideia de estar preso na mesma rotina para sempre é sufocante, mas você não enxerga nenhuma saída. Qualquer remota ideia, qualquer faísca de solução sempre parece dar no mesmo lugar: um beco sem saída.

A comida não tem o mesmo gosto de antes. A água da ducha nunca parece deixar seu corpo pronto para a cama. O colchão não está macio o suficiente. O resultado? Mais um dia sem graça e insuportável.

Esse era também o retrato da rotina de Luciana e, como se não fosse suficiente, ela ainda recebeu uma notícia que mudaria sua vida para sempre – e intensificaria ainda mais seus problemas profissionais: a vinda de um filho. Esse momento, tão feliz na vida de uma pessoa, tornou-se momentaneamente ofuscado por todo o sofrimento que Luciana sentia em seu emprego. Sua médica deu o ultimato óbvio: se continuasse naquele ritmo desenfreado (e muito prejudicial emocionalmente), o bebê estaria em risco.

Sem conseguir mudar sua estrutura de vida, durante a gestação o inevitável aconteceu: Luciana foi diagnosticada com uma doença e precisou tomar uma decisão. Assim, afastou-se do serviço e dedicou-se exclusivamente à criança que iria chegar. Esse foi um momento-chave na vida dela: em casa, longe de todo o estresse e como a única dona de seu tempo, Luciana pôde navegar pelo mundo digital e se encantar com a possibilidade de ser feliz profissionalmente sem abdicar de seu maior amor. O motivo para dar esse passo? Uma simples pergunta: "Quanto vale minha saúde?".

O nascimento da criança agravou ainda mais a situação de Luciana, já que seu filho ficava doente frequentemente e, em determinado momento, contraiu a doença mão-pé-boca, simples, mas que precisava de cuidados especiais por cinco dias. O detalhe? Seu emprego aceitava apenas duas faltas anuais por atestado de acompanhamento de mães. Apresentando aquele atestado, Luciana "gastaria" suas faltas por mais dois anos de trabalho – algo incompreensível para uma mãe cuidar do seu bebê por apenas dois dias ao ano. Assim, ela passou os cinco dias com seu filho, e seu gerente descontou suas faltas, o que foi a gota d'água para a paciência dela.

Muitas pessoas passam pelo drama de Luciana, e acabam pensando a mesma coisa: *Se Deus quiser, tudo mudará um dia.*

Toda vez que você fala isso, a mensagem que envia para sua mente, consciente e subconscientemente, é que você não é o verdadeiro responsável por seus atos – e pelo resultado deles. Tudo fica na responsabilidade de outra pessoa, que deve cuidar de você como o ser humano mais importante do mundo.

Você é especial, certo? E, como alguém especial, merece tudo de bom e do melhor. É dever do mundo, então, dar-lhe isso. É injusto, para dizer o mínimo, viver a vida que você vive. Não foi o que você sonhou. Não é aquilo que aprendeu na TV, nos filmes. E o problema é um só: a partir do momento em que você não é mais responsável por aquilo que faz, suas conquistas saem de suas mãos.

A infelicidade continua porque você decidiu terceirizar suas responsabilidades. Porque tudo o que lhe interessa são as coisas boas, a bonança, a colheita. Mas como seria possível chegar à colheita se você sequer está participando da plantação?

Um dos principais mandamentos de um bom empreendedor é saber que você é responsável por aquilo que conquista. Que tal deixar a frase "Se Deus quiser" e substituí-la por "Com fé em Deus"? Dessa maneira, você se torna o próprio responsável pelos seus resultados – e sua fé irá prover toda a força necessária para perseguir seus objetivos.

Explico: a partir do ponto em que você entrega tudo na mão de outra pessoa, Deus, seu pai, patrão, ou simplesmente torce para que as coisas deem certo, está se eximindo de tudo. E ainda que as recompensas viessem (o que é quase impossível), qual seria a graça de aproveitá-las? Mais: quais as chances de que voltem a aparecer?

Não é preciso perder sua crença: muito pelo contrário. Use-a como a força motriz necessária para alcançar seus sonhos, lutar por aquilo que deseja, mudar o modo atual como vive a vida, enxergar as coisas e lidar com o mundo que o cerca.

Foi justamente isso que Luciana fez: assumiu suas próprias responsabilidades, usou de toda sua fé como um impulso para perseguir seus objetivos e, ao trocar "se Deus quiser" por "com fé em Deus", conseguiu mais tempo para seu filho e para perseguir seus objetivos.

Mas não é só a terceirização dos nossos problemas que pode prejudicar nossos sonhos: a valorização do esforço também é um inimigo perigoso e silencioso.

A síndrome do esforço

Uma simples pergunta pode dizer muito sobre as pessoas. Não estou falando da sua cor favorita ou daquele filme que você assiste sempre que está passando na TV, mas de algo um pouco mais complexo – e, ainda assim, simples.

Responda com sinceridade. Quem ajudou mais gente: Madre Teresa de Calcutá ou Bill Gates?

Muita gente, num primeiro momento, pensa na primeira opção. Madre Teresa, afinal de contas, dedicou toda sua vida para ajudar os necessitados. Com um coração de ouro, ela abdicou de qualquer riqueza, bonança ou luxo para estender a mão aos outros.

Como ela poderia ser comparada a Bill Gates? Já vi pessoas chocadas com a simples menção dos dois nomes tão próximos:

uma mulher que viveu em prol dos outros e outro que acumulou muitas riquezas.

Mas é aí que muita gente se engana: em 2010, Bill Gates doou mais de US$ 37 bilhões,[1] assim que deixou o controle da Microsoft. Ao lado de sua esposa, criou a maior fundação de caridade que já existiu, a *Bill and Melinda Gates Foundation*. E, mesmo assim, isso nada significa para as pessoas que sofrem de algo que eu e o meu amigo e coach Adilson Nicoletti gostamos de chamar de *síndrome* do *esforço*.

Essa síndrome, por assim dizer, não é física: ela afeta o inconsciente das pessoas que só valorizam o esforço em vez do resultado alcançado.

Temos a tendência a acreditar que devemos estar a serviço do outro, e nunca de nós mesmos. É assim que definimos a bondade, o sucesso, e nos anulamos em relação ao resto do mundo.

Os motivos são simples: graças às crenças negativas, criadas apenas para justificar diferenças sociais, fomos educados para acreditar que dinheiro é o grande mal do mundo e que a desigualdade só existe por conta dele. Assim, valorizamos a pobreza. Quantas vezes você não ouviu (ou falou) expressões do tipo "Dinheiro não traz felicidade", "Deus ajuda quem cedo madruga" e "Sou pobre, mas sou limpinho"? Quantas vezes nós nos emocionamos com histórias de pessoas que chegaram a algum lugar sem um tostão no bolso, e repreendemos aqueles que obtiveram sucesso e riquezas? Tudo isso resulta no fortalecimento de crenças relacionadas a esforço – ao valorizar este esforço e apenas ele, ignoramos qualquer resultado alcançado.

---

1. Buffett donates $37bn to charity. ***BBC News***. Disponível em: http://news.bbc.co.uk/2/hi/5115920.stm. Acesso em: mar. 2018.

Mais do que isso: o dinheiro não passa de uma representação de algo construído por nós – e ganhar mais não significa que outra pessoa está perdendo, mas que algum tipo de transformação aconteceu. É como se todos nós fossemos fazendeiros: alguém que cria galinhas e obtém êxito com isso não está prejudicando uma pessoa que cria porcos; ambos podem melhorar suas estruturas e aumentar a criação de seus animais para que mais transformação possa acontecer: trocar mais, garantir que mais pessoas tenham acesso a essa criação etc. A partir do momento em que todos ganham mais, o mundo ganha abundância e perde escassez, pois entendemos que o sucesso de um não impede o sucesso do outro.

É por isso que, para muitos, é difícil reconhecer a bondade e os frutos criados por Bill Gates, que é um dos homens mais ricos do mundo enquanto, ao mesmo tempo, é muito fácil enaltecer Madre Teresa: ela dedicou a vida para cuidar de pobres e doentes.

De maneira alguma quero aqui diminuir ou questionar a importância do que Madre Teresa realizou em favor dos mais necessitados. Ela é uma grande inspiração para mim! Mas a reflexão que o convido a fazer é trazer um novo olhar para aquilo que valorizamos, pois, ao vermos a trajetória de Bill Gates, entendemos que, mesmo aqueles que focam em resultado, podem realizar algo grandioso pela humanidade sem necessariamente abdicar de sua vida.

Fortalecer as crenças relacionadas a esforço faz com que a sociedade continue acostumada a se contentar com um salário, baseando seu valor nas horas trabalhadas, em vez do resultado que você entrega. O que importa, no fim do dia – para seu chefe, para seus colegas de trabalho e, em certo ponto, para você –, é parecer ocupado. Afinal, você tem uma carga horária obrigatória a cumprir. E isso torna as pessoas viciadas em ocupação, já que a ideia é vender sua hora e, por consequência disso, elas perdem o controle da própria vida e passam a existir em um fluxo insano de trabalho, deixando de viver para aplicar todas as horas disponíveis em algo que não as completa nem sequer as beneficia da melhor maneira possível – tudo por uma falsa promessa de que, quanto mais horas venderem, mais retorno obterão. Nesse modelo, porém, seus ganhos se tornam limitados e você é tomado por uma falsa sensação de segurança – já que, queira ou não, sua renda acabará estagnada, pois as horas do nosso dia são um recurso que se esgota (e, por mais que muita gente desejasse isso, elas nunca passam de 24).

Você pode discordar e pensar que, num emprego estável, seu salário aumenta, de tempos em tempos, seja por promoções ou, pelo menos, o ajuste de dissídio. No entanto, até isso se transforma em um problema quando seu salário fica *alto demais* e a empresa sabe que pode contratar alguém para realizar a mesma função que a sua, por um preço muito menor. O resultado? Seu valor vai embora e a demissão é apenas uma questão de tempo.

Percebe como a segurança de um salário é bem relativa, já que o seu valor é contado em horas e em uma remuneração fixa?

Já quando se trabalha com foco nos resultados, a remuneração tem uma relação direta com sua capacidade – e todo mundo sai ganhando, já que quem contratar seu serviço receberá exatamente o que estava pedindo. Não importa quanto você ganha, se você gera mais resultado que o valor que recebe, a conta é perfeita e você não será substituído.

Meu ponto é simples: quanto mais pessoas impactamos, mais

resultados obtemos. Basta pensar em um jogador de futebol que se torna alvo de críticas por ganhar salários estratosféricos, enquanto um médico, por exemplo, pode não ganhar tanto assim. Muitas pessoas podem olhar para esse cenário tão comum em nossa sociedade e achar injusta essa matemática.

O que muitas vezes não percebemos ao olhar esse exemplo é que o ponto não é mensurar qual trabalho é mais importante, mas entender a diferente escala de impacto que esses profissionais realizam. Nesse caso, o jogador está atingindo muitas pessoas: dezenas de milhares de fãs, dirigentes de seu clube, empresas que patrocinam o time (e o próprio atleta), audiência para os canais que transmitem a partida e, com seu talento, acaba gerando muita receita para toda essa rede, além de proporcionar entretenimento para milhares de pessoas, que contam as horas para vê-lo jogar e nesse período esquecem dos problemas e ganham fôlego para mais uma semana de trabalho. Enquanto isso, o médico atende um paciente por vez. Então, mesmo que ele ganhe algumas centenas de reais por paciente atendido, um craque da bola fatura, ao mesmo tempo, centavos de milhões de pessoas (e fontes) diferentes. Portanto, seu valor está diretamente relacionado com o alcance e o impacto que ele gera por meio de suas competências.

O que quero dizer com tudo isso é: precisamos rever a maneira como temos levado nossa vida profissional e, para isso, gosto de dividir as nossas relações atuais de trabalho em quatro grupos – e é muito possível que você se enquadre em algum deles.

- **Baixo esforço e baixo resultado:** você está sobrevivendo, acomodado com a vida e trabalha para pagar as contas – com muita dificuldade.

- **Alto esforço e baixo resultado:** você é quase um missionário, já que entrega a vida por algo que não lhe traz nenhum retorno, na esperança de um dia ser recompensado.

- **Alto esforço e alto resultado:** você é viciado em trabalhar e acredita que só é possível ter resultados se o esforço for máximo. Ninguém o entende: seus amigos acreditam que você está maluco, sua família sente sua falta e, na sua cabeça, isso acontece porque eles não entendem você. São injustos – mas, um dia, enxergarão que você estava repleto de razão. O problema é que, se esse dia chegar (e talvez isso nunca aconteça), você estará velho e solitário, e a vida terá corrido diante de você. Será tarde demais para mudar isso.

- **Baixo esforço e alto resultado:** você tem um talento nato para curtir a vida de maneira plena. Sente-se vivo, realizado e sabe que, com as ferramentas certas, é possível gerar um alto resultado sem dedicar horas e horas em seus trabalhos.

É neste último cenário que se encontram os *freesiders* – pessoas que sabem o caminho para gerar resultados usando o poder inesgotável da internet de construir liberdade de tempo, mobilidade e dinheiro. Ou seja, pessoas que se apoderaram do seu poder de escolha.

E eu estou aqui para mostrar a você como chegar lá. Mas, antes, preciso lhe contar os três motivos que me transformaram em um *freesider*.

Um dos principais mandamentos de um bom empreendedor é saber que você é responsável por aquilo que conquista.

As razões que me fizeram mudar de rota

1. Liberdade de tempo

Iniciei minha carreira como servidor público e percebi que, ali, jamais encontraria liberdade. Eu poderia pedir uma folga para meu chefe, tinha direito a duas férias no ano, mas isso não era suficiente: não seria possível sair do meu trabalho no momento em que quisesse. A ideia de um passeio de kart durante uma tarde de quarta-feira, por exemplo, seria maluquice. Ficar em casa em um dia de preguiça também. Era preciso estar no lugar acordado, durante as horas combinadas para receber a exata quantia de sempre.

Hoje, como um *freesider*, é possível escolher o momento em que desejo trabalhar – e, se quiser abdicar de uma segunda-feira para me dedicar num domingo produtivo, está tudo certo. Não preciso pedir autorização para comer, acordar, dormir, viajar ou simplesmente descansar. Faço o que quero, quando quero e no momento mais oportuno para meus negócios.

2. Mobilidade

Sempre quis viajar. Dentro de mim já vivia uma vontade de conhecer o mundo, morar em outros países, ter novas experiências. Uma grande paixão sempre foi a praia – e, trabalhando no meio da região Centro-Oeste do Brasil, isso seria impossível: como você bem sabe, não existem praias em Goiânia. Hoje, posso morar onde quiser: no Chile, na Tailândia, nos Estados Unidos ou em Recife. Só existe uma exigência: conexão com a internet. No fim das contas, preciso manter meu estilo de vida através dos meus negócios – mas, considerando que todos os lugares que me atraem dispõem de uma boa conexão, isso nunca foi um problema, e nunca deverá ser.

3. Liberdade financeira

Por mais que eu tivesse um bom salário e conseguisse guardar parte da minha renda, podendo até mesmo conseguir investimentos e, lá pelos 60 e poucos anos, conseguir minha aposentadoria, nunca senti que era o suficiente. Eu não ficaria pobre trabalhando como servidor público, mas também ficaria preso eternamente na classe média.

Desde que me entendo por gente, quero ser rico. Almejo bons carros, boas casas, ir para lugares distantes e conhecer novas culturas, comidas, pessoas. E quando você não dispõe de liberdade financeira, todos esses objetivos se tornam distantes, inatingíveis.

No entanto, quando você já tem liberdade de mobilidade e tempo, o jogo vira: seu dinheiro passa a valer mais. Em vez de precisar esperar os momentos clássicos de férias – férias escolares ou festas de final de ano –, você pode aproveitar estações fora de temporada e encontrar tudo – carro para alugar, passagens aéreas e estadia – a preços muito mais acessíveis.

A liberdade de tempo e mobilidade faz com que seus rendimentos independam da sua constante presença física para tomar decisões e realizar suas atividades profissionais. Você pode experimentar viver em outros lugares como morador, não como turista – e essa diferença traz muito valor. Afinal, ninguém precisa ser rico para morar em Dubai, Singapura ou Nova York, você pode morar em qualquer lugar desde que possa adaptar sua rotina.

E com um trabalho baseado na internet essa dinâmica se torna muito mais fácil!

Quando você é remunerado pelo seu resultado, e não pelas horas que trabalha, seu resultado se torna exponencial. Quanto você ganha não depende mais de um acordo de sindicato, dos seus chefes, de uma possível greve: depende única e exclusivamente de você. Você é o responsável pelos seus ganhos – e, consequentemente, pela sua felicidade. E foi isso que Luciana aprendeu com o tempo – mas este assunto fica para outro momento.

Fortalecer as crenças relacionadas a esforço faz com que a sociedade continue acostumada a se contentar com um salário, baseando seu valor nas horas trabalhadas, em vez do resultado que você entrega.

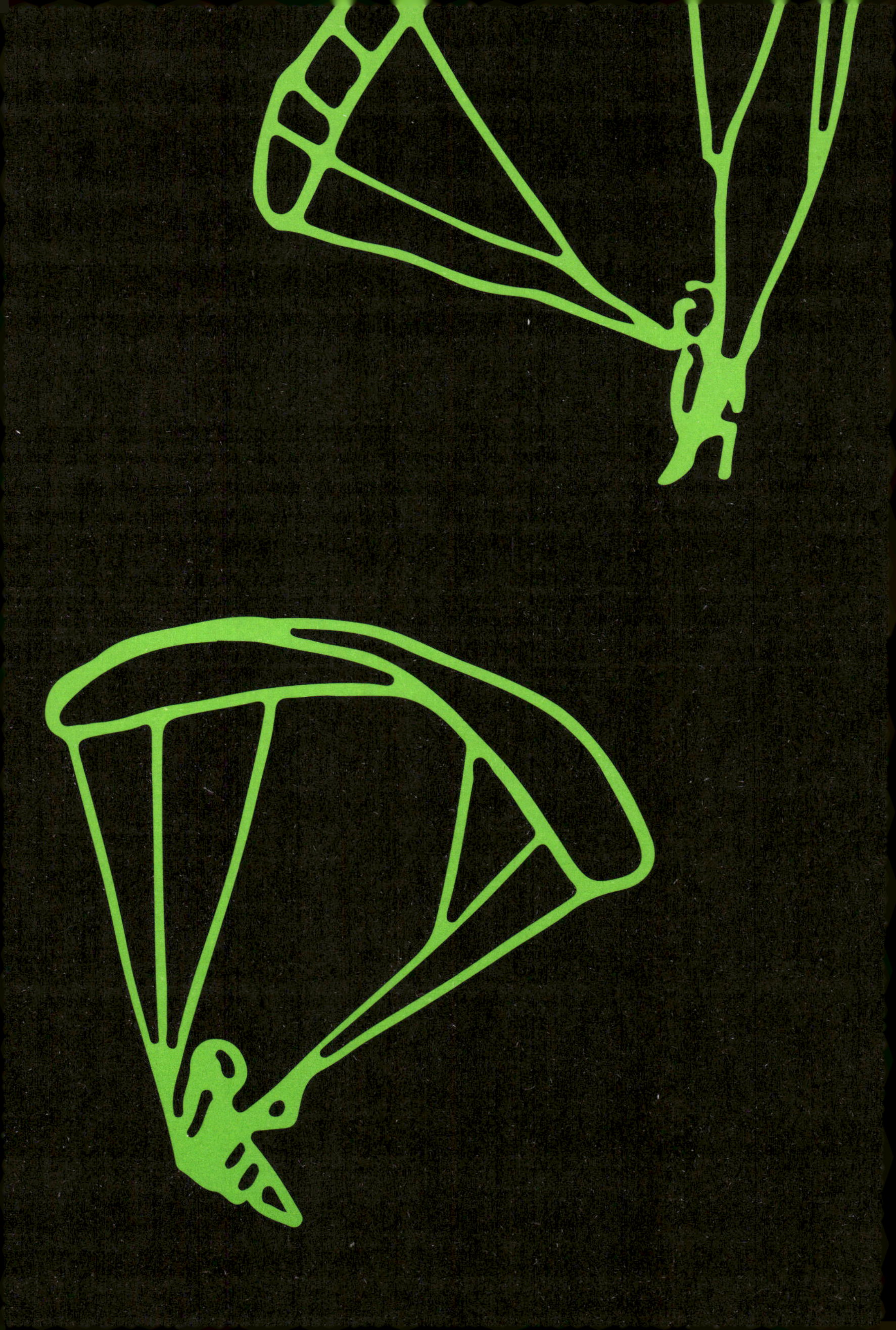

Capítulo 2
A resposta da encruzilhada

A mente de Karla Carvalho nunca permitiu que ela ficasse parada no mesmo lugar. Técnica de segurança, Karla trabalhou durante muitos anos em uma fábrica de cal, mas isso jamais foi um impedimento para que ela se dedicasse a outras paixões. Quando os blogs se tornaram febre, na primeira metade da década de 2000, ela buscou participar desse universo através dos temas que mais a atraíam: moda e beleza. Assim, nasceu o site *Muito Mulher*. E, apesar de ser nova naquele meio, ela não poupou esforços para deixar o blog do jeito que desejava: hospedado em um grande servidor nacional, cada canto do endereço precisava ter a cara que ela desejava. Perfeccionismo, no fim das contas, era seu nome do meio. Tudo precisava estar perfeitamente alinhado, mas não era fácil ter toda essa dedicação por um motivo simples: as oito horas trabalhadas diariamente.

Sua busca não era apenas por um blog visualmente interessante e com conteúdo de qualidade: tanto esforço também poderia (e deveria) gerar alguma renda. A ideia era simples: gerar conteúdo para conseguir acessos de pessoas interessadas no tema, consolidar uma audiência e gerar a renda. Mas como fazer isso com tão pouco tempo disponível?

Karla então passou a buscar caminhos que viabilizassem seu desejo. Primeiro um curso profissionalizante em Marketing Digital, que não era apenas caro, mas também presencial – dar esse passo não era sequer cogitado por seu marido ou sua filha. Então, o blog não avançou muito.

O segundo passo dentro do universo da internet, para Karla, envolveu aprender a produzir malas diretas, ações de marketing via e-mail enviando para grandes listas de contatos (sabe aquelas propagandas que chegam na caixa de entrada de seu e-mail? É mais ou menos isso). Como ela não tinha uma base de contatos, foi atrás de um banco de dados. Fez o investimento e nada deu certo. O retorno foi pequeno, especialmente ao considerar a quantidade de horas empreendidas ali organizando o conteúdo e programando os disparos das mensagens.

Não demorou muito e ela criou outro blog, o *Mulher Muito Mais*, igualmente voltado para o universo feminino. Depois de cinco anos de estudos e tentativas, sempre com muita dificuldade, o site também foi abandonado.

Ainda que Karla encontrasse cursos e materiais que ensinavam a gerar renda pela internet – embora de maneira amadora –, ninguém ensinava o *mindset*, o modelo mental para isso: o tipo de apoio psicológico necessário para seguir com os seus objetivos. Ela sempre desistia porque não tinha a quem recorrer, nenhum tipo de apoio ou mentores que lhe mostrassem o caminho das pedras do universo digital.

*Quando é empregado,
você não está fazendo
mais nada além de vender
o seu tempo, trocando
suas horas por um salário
fixo que não se ajusta às
mudanças de ritmo
e demanda do trabalho,
e o pior: para um
único cliente.*

Uma ironia do destino complicava ainda mais a vida de Karla: seus pais eram funcionários públicos. A mentalidade de ambos, então, era bem conservadora nesse sentido: a simples ideia de trabalhar por conta própria e empreender os aterrorizava – enquanto seu emprego como técnica de segurança transmitia imensa segurança para os dois, já que a empresa era grande e isso gerava a ideia de estabilidade.

Eu não sei se você já parou para pensar, mas emprego é algo muito inseguro. É muito contraditório pensar no emprego como algo seguro e no empreendedorismo como algo arriscado. Vou explicar o porquê.

Quando é empregado, você não está fazendo mais nada além de vender o seu tempo, trocando suas horas por um salário fixo que não se ajusta às mudanças de ritmo e demanda do trabalho, e o pior: para um único cliente. Então, se esse cliente um dia decide que não quer mais comprar seu tempo ou simplesmente começou o dia de mau humor... *boom*! Você vai para o olho da rua sem ter qualquer outro recurso.

Porém, quando você é empreendedor, vende um produto ou serviço com um detalhe fundamental: vende para vários clientes. Assim, se um cliente deixa de comprar de você, o que acontece? Você ainda tem vários outros para suportar a situação até encontrar novos compradores. Ou seja, nós fomos treinados para acreditar que o emprego é seguro, mas, na verdade, seguro mesmo é ser seu próprio líder e controlar o seu resultado, pois este está nas suas mãos e não nas de outras pessoas que não compartilham dos mesmos objetivos que você. Empreender, então, oferece a possibilidade de assumir as rédeas da sua vida, olhar para mais possibilidades e agir de maneira certeira para alcançar os resultados que você quer.

Com o tempo, Karla começou a perceber essa situação. Percebeu também que nas grandes empresas as pessoas não pensavam com tanta ética e companheirismo, ou seja, não eram empáticas. Certas situações deixaram claro para ela que esta era a fria verdade, e o cenário em questão não era desejado para sua vida. Este foi o ímpeto necessário para Karla colocar em sua cabeça que seria preciso trabalhar apenas para ela, depender de si para o próprio sustento – e tudo isso em segredo, já que a família não aceitaria bem.

Inteligente e com um espírito empreendedor cada vez mais aflorado dentro de si, Karla percebeu que o futuro naquela empresa não seria positivo para ela. O clima no trabalho piorava cada vez mais e aquela não seria a vida desejada por Karla nem mesmo para os próximos três ou cinco anos. Era preciso fazer algo para mudar.

Foi então que a sogra de Karla, percebendo o que se passava com a nora, sugeriu que ela se tornasse esteticista, como ela própria. Karla comprou a ideia no mesmo instante e decidiu estudar sobre isso – como sempre, com ajuda da internet.

Uma prova irrefutável de que Karla estaria desenvolvendo as competências necessárias para o próprio sucesso foi a boa relação criada com os funcionários das empresas por onde passou. Isso faz parte do desenvolvimento das competências interpessoais, mas falarei sobre isso daqui a pouco. Antes, vamos continuar com a história dela. Isso caiu como uma luva naquele momento, já que, na fábrica de cal, o acesso à internet era bloqueado e sua utilização só era possível com a liberação dos técnicos de informática. Como resolver esse problema? Karla era amiga de todo o departamento, e seu computador era o único de toda a empresa com acesso irrestrito – e não rastreado – de internet. Depois de muito estudar, ela aproveitou as férias e abriu o seu centro de estética.

A vida, porém, não seria tão boa com Karla. A abertura do seu negócio veio acompanhada da crise econômica mundial, e ela não chegou sozinha: a casa de sua sogra, onde Karla morava junto com sua família, se transformou no epicentro de uma disputa de herança, o que obrigou todos a saírem da propriedade às pressas. Um terreno comprado anteriormente por Karla precisou, então, receber não apenas a construção do centro de estética, como também de um novo lar. Mas algo que muitas famílias cortam quando a crise bate à porta são os supérfluos. Assim, seu negócio praticamente não recebia clientes, e ela se viu com uma dívida de R$ 150 mil para resolver.

Karla voltou-se, mais uma vez, para a internet. Aquela não era apenas uma ferramenta de lazer ou um hobby: para ela, a internet era uma paixão, e a resposta para seus problemas. Um dia, navegando entre vídeos e mais vídeos, ela encontrou um vídeo meu falando sobre o estilo de vida *freesider*. É uma série de conteúdos gratuitos que disponibilizo durante a Jornada da Liberdade, evento on-line que acontece algumas vezes ao ano, o que despertou seu interesse. Ela não sabia, mas estava prestes a mudar sua vida para sempre.

Não importa se você é homem ou mulher, com certeza algo já apareceu para você e mudou os seus planos, como uma crise financeira que pareceu colocar toda a sua vida em xeque: é muito fácil se identificar com a história de Karla. Isso porque, no fim das contas, ela representa, em algum nível, a história de todos os brasileiros que já se sentiram desvalorizados em seu emprego, em uma espécie de encruzilhada.

O movimento *freesider* começou a partir dessa mesma angústia – e é por essa razão que impacta e transforma a vida de tantas pessoas. É preciso entender que, acima de tudo, para ser *freesider* não existe uma fórmula pronta, mágica, que surgirá na sua frente e, de repente, resolverá todos os seus problemas. *Freesider* é um estilo de vida – e, justamente por isso, poderá acompanhá-lo pelo resto da vida. É por isso que tanta gente que entra em contato com este mundo se encanta: soluções fáceis não têm esse tipo de impacto em nossa vida – fosse assim, este livro sequer existiria.

Você pode ter se perguntado, em algum momento desde a hora em que abriu este livro pela primeira vez, se isso também pode acontecer com você. Tudo o que tenho a dizer é que você não é diferente de nenhuma dessas pessoas que também mudaram a própria vida, parando de terceirizar suas soluções e assumindo o seu controle. Para isso, porém, elas precisaram desenvolver quatro competências que acredito serem fundamentais para alcançar a liberdade plena, momento em que você não se preocupa mais com segurança ou ocupação diária. Essas competências formam o pensamento *freesider:*

- ***a competência pessoal**, que tratará do seu poder de ter controle sobre seus valores e tudo aquilo que forma quem você é;*

- ***a competência interpessoal**, que diz respeito à sua relação com os outros;*

- ***a competência financeira**, que lhe ensinará a lidar com novos tipos de renda (e entender tudo o que você fez de errado até hoje); e*

- ***a competência produtiva**, que abrirá seus olhos para um novo mundo de realizações – em um tempo muito menor do que você está acostumado.*

Chegou a hora de você conhecer cada uma delas – e entender como elas são peças-chave para você chegar aos objetivos que sempre desejou.

Você não é diferente de nenhuma dessas pessoas que também mudaram a própria vida, parando de terceirizar suas soluções e assumindo o seu controle.

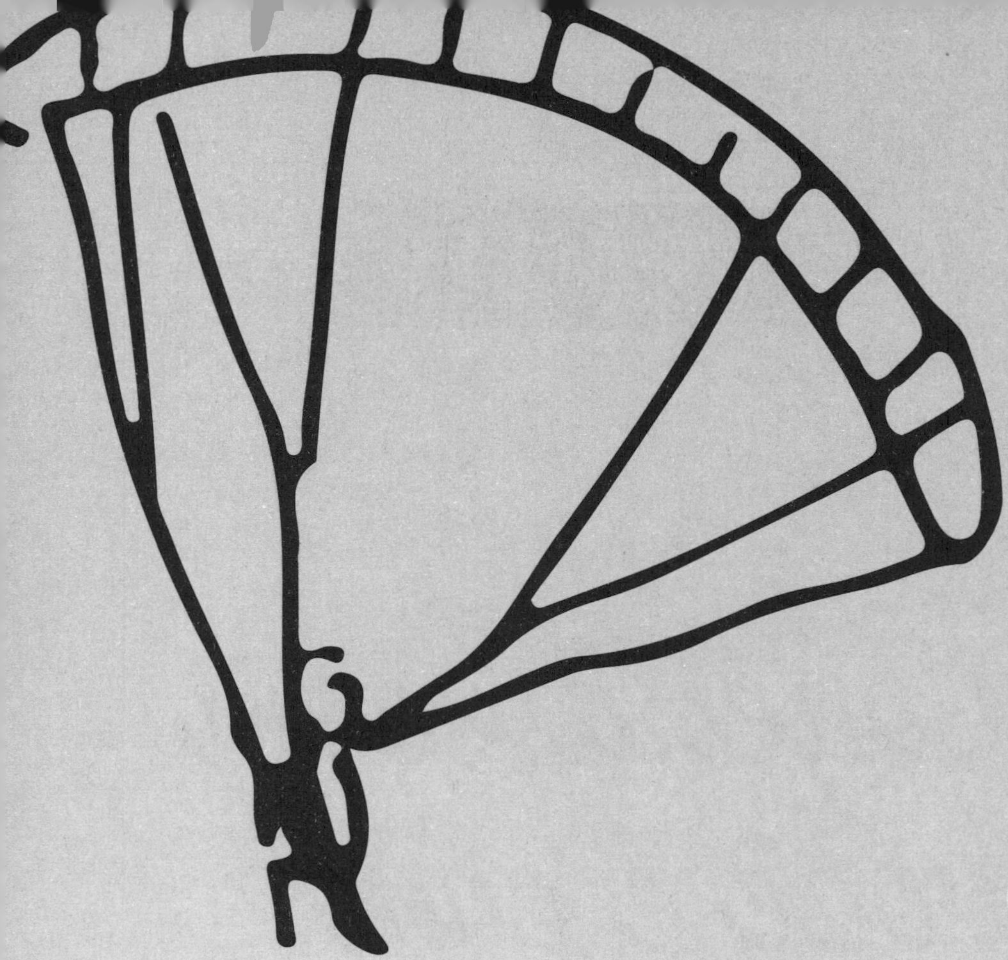

SEÇÃO 1

Conexão com você e com os outros

Capítulo 3
Competência pessoal - Autoconhecimento

Nós morremos de medo do desconhecido. Não é de estranhar, então, que tantas pessoas gastem a vida em relacionamentos que não as fazem felizes de verdade – mas a simples ideia de largar a outra pessoa para tentar encontrar a própria felicidade parece loucura.

O motivo é simples: nós fomos acostumados a preferir um pássaro na mão do que dois voando. Somos medrosos por natureza – ensinados a aceitar o mínimo, aquilo que a vida nos dá, o prêmio de consolação.

É preciso entender, de uma vez por todas, que nem sempre a nossa cabeça joga a nosso favor. Na maior parte das vezes ela estará contra nós: habituada com um sistema quase matemático de decisões, ela tenta nos jogar para o lado mais seguro, mais garantido. Foi assim que, há milhares de anos, nos destacamos como raça e conseguimos a sobrevivência no meio de um ambiente inóspito e violento.

A diferença é que hoje, milhares de anos depois, a sobrevivência já não é uma preocupação tão grande assim. Podemos mais, temos ambições. Queremos ir mais longe. Prosperar. Vencer.

Para chegar lá, porém, é preciso desconstruir uma série de coisas.

Duvida? Então, pare para pensar em quantas coisas já deixou de fazer por simples medo. Pense de verdade: anote quatro ou cinco delas. Na sequência, entenda o porquê – e compare como sua vida está agora e como ela poderia estar se você tivesse batalhado pelos seus objetivos.

O que eu deixei de fazer por medo?

....

....

....

....

O que poderia ter acontecido se eu tivesse enfrentado meus medos?

....

....

....

....

Viu? É simples: nós precisamos lutar contra os impulsos ruins. Sempre que algo acontece, nosso cérebro imagina se o resultado será dor ou prazer – e o que pode ser possível para evitar o primeiro e atingir o segundo. Muito disso se explica por uma questão de padrão de pensamento – algo impulsionado por generalizações que costumamos fazer, que guiam nossas ações e, consequentemente, o rumo e qualidade de nossa vida.

Talvez você não tenha conseguido obter sucesso em alguns objetivos e, graças a isso, se condicionou a fugir deles.

Isso precisa acabar, e vamos fazer isso o mais rápido possível.

Um novo jeito de olhar para si mesmo

Eu, você e todas as pessoas que conhecemos somos como um computador. No momento em que nascemos, ele está com o HD completamente vazio – sem nenhuma informação. Existe apenas o sistema operacional e mais nada. Existe a teoria de que desenvolvemos parte desse processo quando ainda estamos na barriga de nossas mães, com três meses, e a partir disso são os nossos cinco sentidos (visão, audição, olfato, tato e paladar) aliados com as nossas emoções que começam a "instalar" informações em nós.

Tudo fica gravado: imagens, sensações, sons, gostos, cheiros. São essas experiências que formam a nossa identidade – certos padrões são replicados por nós, e a partir de certo ponto criamos a nossa própria programação.

Também é a partir desse ponto que nós estamos aptos a criar patologias e comportamentos negativos que chegam junto com todas essas informações – em uma pasta mais escondida no HD: o subconsciente. Ela é tão escondida que, muitas vezes, não percebemos o seu funcionamento – crenças positivas e negativas que formam a nossa base para as tomadas de decisão que realizamos ao longo da vida, assim como nossos valores universais.

Uma maneira fácil e leve de entender melhor tudo isso está presente no filme *Divertidamente*, de 2015. O desenho ensina, utilizando o subconsciente de uma criança, como crenças e valores são criados.

É muito importante compreender que tudo de bom e ruim que forma você é resultado da sua programação mental – ou seja, das informações que foram, desde sempre, instaladas em seu HD mental. Não existe lugar para fugir: você é resultado do ambiente em que vive. Pessoas, crenças, comportamentos e tudo o que você acredita e pensa existe por conta dos exemplos que lhe foram dados – e refletem tudo o que foi armazenado pela sua mente durante décadas.

Mas calma! Antes que você pense que não existe maneira de mudar e que você está fadado a ser igual para sempre, fique tranquilo e respire fundo, porque é possível resolver essa questão – é justamente este o motivo pelo qual eu estou aqui.

Não posso ser o único agente ativo dessa mudança. Dependo de você em quatro pontos fundamentais para que nossa jornada tenha sucesso:

- **você precisa querer;**
- **você precisa se comprometer com as mudanças até que elas funcionem – e não "se" elas funcionarem;**
- **você precisa aceitar que o controle está nas suas mãos;**
- **você precisa reprogramar a sua mente seguindo minhas orientações.**

É muito importante compreender que tudo de bom e ruim que forma você é resultado da sua programação mental.

A partir deste capítulo passarei novos programas para você instalar em seu cérebro – e, assim, mudar sua vida. É dessa maneira que você conseguirá mudar a forma como toma decisões – para, consequentemente, mudar sua vida e atingir seus objetivos. A grande questão é uma só: para mudar a forma como você toma decisões, é preciso reprogramar seu modelo mental (a programação do seu HD).

O porquê não é complicado: sua mente foi programada para seguir certo tipo de padrão, e você só pode mudar o resultado se alterar esse padrão.

O grande obstáculo na hora de mudar os padrões é o guardião da mente subconsciente – o fator crítico. Em poucas palavras, é aquela voz que fica na sua cabeça julgando as informações que você recebe – e que está contestando, agora mesmo, tudo o que você acabou de ler. Essa região do nosso cérebro é muito preguiçosa quando o assunto é se reprogramar, e podemos entender: é um trabalho muito grande mudar diversas memórias que temos e que reafirmam certo tipo de comportamento. É por isso que o fator crítico restringe o que sua mente aceita como verdade – e cabe a você vencer essa barreira para chegar até sua programação.

Existem duas formas de fazer isso: uma simples e uma demorada. A mais comum é a demorada (e mais utilizada pelas pessoas), e consiste em repetir um comportamento ou pensamento até que o subconsciente o aceite e a programação mude. Isso explica o motivo de você ler tantos livros que tentam ensinar a receita do sucesso e, mesmo assim, a mudança demora muito para chegar – porque sua mente está tentando bloqueá-la. É preciso repetir o processo muitas vezes para vencer o fator crítico pelo cansaço.

A maneira mais simples de resolver isso é driblar o fator crítico – e existem algumas técnicas possíveis para isso. Esta é a melhor forma de inserir o novo padrão rapidamente na sua mente – e as mudanças serão muito mais imediatas. Porém, essa solução não pode ser obtida por meio de textos. Assim, você encontrará o link para download de alguns áudios no final deste capítulo, para ouvir antes de dormir. No entanto, antes de acessar o link, é hora de falarmos de outra coisa: as crenças que limitam o nosso desenvolvimento.

Crenças limitantes ou o que o impede de ir mais longe

As pessoas pensam que a falta de sucesso acontece por azar, falta de inteligência, dinheiro, competência, sorte, esforço – em suma, fatores externos que são mais fáceis de enxergar. O que as pessoas não enxergam é que todas as escolhas que fazemos são influenciadas pelas emoções e crenças que carregamos. Quando você escolhe um sócio, o faz pelas crenças. O que faz e fala com ele é influenciado pelas suas emoções. Escolher um negócio parte do mesmo princípio. Tudo o que você faz e pensa é influenciado pelo seu interior. Se ele está repleto de negatividade, crenças limitantes e emoções ruins, que você não enxerga, o resultado é apenas um: as ações são contaminadas e você não vai agir da melhor forma. O pior: nem perceberá o que está acontecendo.

Tente pensar em algumas das crenças que complicam sua vida. De associar o dinheiro a coisas ruins – a síndrome do esforço, que você já aprendeu no capítulo anterior –, até enxergar a área em que você deseja se aventurar como algo ruim, que não traz os benefícios financeiros que você deseja, como insegura e instável. E principalmente: que só dá certo para alguns, mas não para você.

As pessoas falam de prosperidade, de comportamento, da maneira de pensar. E a teoria está lá: você sabe como deve pensar ou agir, imitando comportamentos de pessoas bem-sucedidas. Mas não consegue aplicar em seu dia a dia. Tenta e não consegue.

O motivo? Há um conteúdo mais profundo do que seu nível racional.

Um deles é a autoconfiança.

Você pode não se lembrar – ou pode soar como algo simples, bobo e pequeno –, mas qualquer evento relacionado a cobranças durante a sua infância pode ter impactado tomadas de decisões durante todo o percurso da sua vida. Isso acontece porque, quando estamos nos desenvolvendo, o impacto do menor dos traumas é muito maior do que aqueles que acontecem durante nossa vida adulta, quando nosso HD mental já está preenchido e rodando com diversos programas.

Pense, também, que todos já fomos folhas de papel em branco, sem nenhum conteúdo escrito, e que todos os eventos com a capacidade de diminuir nossa segurança e autoconfiança tomaram muito mais lugar no papel do que aquilo que veio depois. É como um cartão de aniversário em que as primeiras pessoas ocupam mais espaço e as seguintes precisam se espremer para deixar suas mensagens – mas, em vez de parabéns, estamos falando de eventos capazes de mudar a nossa vida para sempre.

O pior é que situações subsequentes vão reforçando aquele sentimento inicial e deixando cada vez mais impressas na nossa personalidade a insegurança e a desconfiança.

Então, todas as vezes que você se sentiu diminuído na presença de alguém, que se sentiu constrangido por ter reagido como outras pessoas esperavam, sempre que foi holofote dos outros de maneira que se sentia colocado como inferior, sua autoconfiança foi abalada – e isso deixa marcas.

Faça agora uma pequena reflexão sobre quantas vezes as crenças limitantes interferem no seu comportamento:

- **Por exemplo, no seu dia a dia, você costuma ser alguém de mais iniciativa, é o primeiro a arriscar, ou espera para ver se outra pessoa faz o primeiro movimento e então o segue mesmo sabendo que poderia ter sido você o líder?**
- **Em seus relacionamentos, quando a outra pessoa o magoa você tende a expor o que lhe causou a mágoa ou tende a encontrar justificativas para mostrar que, na verdade, o que aconteceu é culpa sua?**

Essas e outras perguntas servem para que você se questione sobre:

- **Quanto valor você está dando para seu papel em relação aos espaços que fazem parte da sua vida? Por que muitas vezes sente que sua visão é menos importante que a de outras pessoas?**

A ressignificação da palavra "problema"

Poucas coisas têm tanto poder e energia quanto as palavras. Já conversamos sobre isso antes, mas é extremamente necessário que essa ideia fique bem absorvida por você. Para entender melhor, basta olhar à sua volta e reparar no número de pessoas que se arrepende depois de dizer frases agressivas, que claramente não foram pensadas e maturadas por tempo suficiente. Trata-se do clássico "Me desculpe, falei sem pensar, não era isso que queria dizer".

Quantos relacionamentos não terminam diariamente por conta de palavras ditas em momentos acalorados? Quantas amizades não são jogadas fora porque uma das pessoas não respirou fundo antes de dizer algo que machucaria o outro? Quantas discussões e brigas poderiam ser evitadas se, antes de falar, nós pensássemos naquilo que está prestes a sair de nossa boca?

Isso não acontece apenas no âmbito pessoal: é muito comum em ambientes de trabalho. E se existe uma palavra imensamente complicada nesse quesito é *problema*.

Existia uma pessoa na minha equipe de desenvolvimento que sempre a utilizava, especialmente quando alguém tinha uma ideia. Assim que o embrião da criatividade surgia, a pessoa começava a levantar os possíveis problemas envolvidos ali.

Acontecia mais ou menos assim:

Digamos que alguém chegava com a ideia de criar um sistema para reconhecer o dia do aniversário do cliente e presenteá-lo com um vale-cinema. Logo essa pessoa já vinha falando: O problema é se a pessoa não gostar de cinema... o problema é se não registrar o aniversário de uma pessoa... o problema é.... o problema é....

O resultado? A equipe ficava desmotivada – brochada, se estamos sendo sinceros aqui (e eu com certeza estou!). Por medo de falhar, não se faz nada, e a ideia termina no lixo.

Eu passei muito tempo lidando com esse problema, sem conseguir encontrar uma solução. Até que, em um encontro mensal que acontece em Recife com outros empreendedores, um colega me ofereceu uma possibilidade: transformar *problema* em *desafio*.

A resposta da equipe foi instantânea: tudo voltou a dar certo.

Existe uma explicação na programação neurolinguística para esta questão: ressignificar *problema* para *desafio* transforma a maneira como nosso cérebro encara a situação.

E isso é bem simples de entender. Basta se perguntar com o que é mais interessante lidar: um problema ou um desafio?

Problemas trazem a ideia de algo arrastado, pesado, que desanima, dá preguiça, causa insatisfação e piora a vida. Já um desafio é algo bom, interessante, que nos faz crescer, evoluir e traz, consigo próprio, boas consequências.

Este é um dos segredos de grandes empreendedores: eles não confrontam problemas, mas **superam desafios**.

Quais palavras você mais usa que podem ser substituídas para fazer a diferença na sua energia e vontade de crescer?

Faça esse teste na sua vida, coloque esta ideia na prática: sempre que você encontrar uma situação que precisa ser resolvida, encare-a como um desafio, e não como um problema. Eu aposto que o resultado será muito mais favorável para você do que era no passado.

Valores: a resposta por trás de nossas decisões

Nós já conversamos um pouco sobre valores, mas é muito importante que a ideia se mantenha sempre fresca na sua cabeça: são eles, afinal de contas, que nos fazem tomar decisões importantes na nossa vida – e, muitas vezes, podem acabar nos atrasando.

Um exemplo clássico é imaginar alguém que deseja ser um empreendedor, mas não tem coragem de largar o emprego por medo de se dar mal ao arriscar tudo.

É nítido que, para essa pessoa, a **segurança** é um valor muito importante – vital o suficiente para guiar esta decisão.

Largar um emprego estável para começar a empreender, então, torna-se algo distante – por mais que a pessoa saiba que, no fim das contas, poderia ser muito bem-sucedida e feliz.

O que você precisa fazer ao descobrir que a segurança é um valor forte não é simplesmente desistir, e sim se perguntar como é possível aliar as duas coisas.

Neste exemplo, a resposta não é tão complicada: basta imaginar que, com uma renda fixa e segura por mês, você consegue proteger a sua família (outro valor forte) e dedicar-se no seu tempo livre e com mais energia ao empreendimento novo.

O resumo: a partir do momento em que você descobre seus valores (e agrega autoconhecimento a sua vida), consegue seguir em frente e ir em busca dos seus objetivos – nesse caso, empreender.

Agora é o momento de aplicarmos isso na sua vida e descobrir os seus valores – repito: os *seus* valores, não aqueles que você *gostaria de ter*.

Para isso, faremos uma série de exercícios simples. São cinco passos primordiais para entender o que te faz ser você.

Em primeiro lugar, dê uma olhada na lista de valores abaixo e escolha no máximo dez que mais fazem parte de você.

desafios
rotina
comprometimento consigo mesmo
aceitação social
contribuição
status
sucesso
reconhecimento
fama
crescimento contínuo
reconhecimento
responsabilidade
segurança
ordem/organização
previsibilidade
reputação
compaixão
liberdade
poder
competitividade
individualidade
previsibilidade
excelência
honestidade
mudança/variedade
estabilidade
comprometimento com o próximo

Se você não encontrar alguma característica – algo que alguém próximo a você apontaria como um traço marcante –, pode acrescentá-la entre os dez valores.

1 ....
2 ....
3 ....
4 ....
5 ....
6 ....
7 ....
8 ....
9 ....
10 ....

No segundo passo, você precisa eleger os cinco valores mais importantes da lista. Aqueles que irão guiá-lo na hora da pressão – e, se estiver muito complicado, basta eliminar os cinco valores menos importantes.

1 ....
2 ....
3 ....
4 ....
5 ....

Conseguiu? Ótimo! Agora é hora de colocá-los em ordem de importância.

1 ....

2 ....

3 ....

4 ....

5 ....

Digamos, por exemplo, que você está dividido entre *comprometimento consigo mesmo* e *honestidade*. Para se decidir, basta perguntar: se fosse necessário fazer um curso de maneira ilegal por falta de dinheiro ou não realizá-lo pelo mesmo motivo, o que escolheria? Realizar o curso mostra comprometimento. Não realizá-lo mostra honestidade.

Em uma situação hipotética, digamos que você receba uma proposta muito boa de emprego, mas precisará se mudar para outro país. *Financeiramente*, sua vida ficaria resolvida em alguns anos – e seria possível obter muito *sucesso* em sua área de trabalho. Só existe um problema: sua *família* não poderia acompanhá-lo nessa mudança para outro país. O que vale mais?

Agora que você está resolvido com seus valores, precisamos ir mais fundo: confronte-os com as decisões importantes que você tomou ou deixou de tomar nos últimos meses e descubra se a ordem é realmente esta. Às vezes, você pode perceber que, considerando suas ações passadas – as quais refletem quem você realmente é –, certos valores estarão acima de outros.

O passo final é simples: você precisa perguntar para três pessoas que o conhecem bem se suas escolhas de valores – e a ordem deles – estão corretas. Eles também precisam explicar por quê.

Agora, felizmente, você tem a completa noção dos valores que o guiam. Mantenha-os por perto fisicamente, mesmo: pode ser em um papel guardado na carteira ou dentro da bolsa. No entanto, mais do que tudo, coloque seus valores em primeiro lugar para ajudá-lo a avaliar cada decisão e situação que se coloque à sua frente. Algumas perguntas podem ajudá-lo a colocar isso em prática:

- **Se eu aceitar o que me está sendo proposto, estarei sendo fiel aos valores que são fundamentais para minha felicidade?**
- **Esta atitude que estou prestes a tomar é coerente com meus valores ou estarei abrindo mão deles?**
- **Este círculo de conexões do qual faço parte está alinhado com meus valores?**
- **Por que eu quero realizar tal coisa? O resultado estará alinhado aos meus valores?**

É claro que valores, assim como você por inteiro, não são imutáveis: eles variam de acordo com o ambiente, os amigos, a rotina e tudo o que acontece com você. Não se preocupe, então, se eles mudarem com o tempo. É apenas um reflexo da vida.

Quando você conhece seus valores, entende melhor as

suas decisões e consegue também escolher novos caminhos de maneira mais consciente. No fim, conhecer-se passa a ser a chave de tudo.

Faça o download dos áudios que preparei para você. Ouça-os antes de dormir e reprograme o seu padrão mental: jornada.freesider.com.br/downloads

Capítulo 4
Competência pessoal – De dentro para fora

Agora que você já se conectou com seus valores e percebeu quais são os gatilhos por trás do seu comportamento, quero levá-lo por mais um passo do desenvolvimento da competência pessoal. Para isso, quero que imagine duas situações:

Situação 1

Você (ou sua esposa) está grávida. A descoberta vem cheia de celebração, alegria, planos. De repente, é como se o resto do mundo também estivesse esperando um filho – seja na TV, na internet, seja na rua, você encontra mulheres com barrigão, casais felizes, bebês em carrinhos, e parece que tudo aquilo surgiu de uma vez.

Situação 2

Você quer comprar um carro. Já decidiu o modelo, os opcionais, tudo. E parece que a vida quer lhe dar um recado, já que aparentemente o carro também foi comprado por nove em cada dez pessoas – e ele não para de surgir na sua frente. Os comerciais são todos dele, o trânsito parece ser formado só do veículo dos seus sonhos.

Isso não acontece à toa; não é uma coincidência.

Nosso cérebro identifica que essas informações são relevantes e as destacam na nossa vida. Ela sempre esteve ali, mas agora você percebe com mais nitidez. É graças a esse conceito que mágicos conseguem desviar nossa atenção e nos envolver para performar seus truques. O nome disso? **Atenção seletiva**.

O que tudo isso significa? É simples: existe um consenso científico de que nosso cérebro é a máquina mais potente criada, com uma capacidade de processamento de 400 bilhões de bits por segundo – mas só percebemos conscientemente 2.000 bits, ou seja, 0,0000005% de toda essa informação.[2]

No entanto, não precisamos apenas de exemplos: vou lhe contar uma história real. Uma vez encontrei um amigo e, durante uma conversa, descobrimos que ambos tínhamos o mesmo desejo: ter um avião. Quando ele me perguntou sobre o modelo, respondi que não sabia. Só queria ter um avião. Ele riu e disse que, na verdade, eu ainda não queria ter nada. Em detalhes, ele me contou qual modelo desejava, a cor do estofado, o motor e os detalhes. Foi aí que percebi uma importante lição: quando você está realmente desejando algo, sabe todos os detalhes na sua meta. E isso faz com que o universo trabalhe a seu favor, e que a atenção seletiva fique muito mais aguçada, permitindo obter mais resultados.

2. *What the bleep do we know!?* Disponível em: http://whatthebleep.com. Acesso em: 4 de abril de 2018.

Nosso cérebro identifica que essas informações são relevantes e as destacam na nossa vida. Ela sempre esteva ali, mas agora você percebe com mais nitidez.

Para provar isso, ele me contou a história de quando comprou seu primeiro helicóptero: ele passava semanas observando um modelo azul e prata voar perto de seu escritório, e passou a desejá-lo muito. Um belo dia, prestando consultoria jurídica para um amigo, encontrou no inventário jurídico um helicóptero. Comentou, curioso, e acabou descobrindo que o veículo pertencia ao próprio amigo – que ofereceu parte dele em uma sociedade. Se me lembro bem, ele tem uns dois ou três helicópteros.

Este é o poder de pensar e visualizar suas metas. Então, convido você a fazer esse teste. Pense na sua casa. No piso, no formato, onde ela vai estar. Pense nos detalhes e visualize isso diariamente. Garanto a você que, a partir dessa decisão, você verá com muito mais frequência promoções, dicas, modelos e uma infinidade de possibilidades que estão de acordo com o modelo de casa ideal para você.

A atenção seletiva nada mais é do que uma maneira de o nosso cérebro nos direcionar para aquilo que definimos como um foco importante.

Agora que você já entendeu o conceito de atenção seletiva, é hora de aplicá-la para o seu próprio sucesso. Ela precisa ser utilizada a seu favor – e é aí que entra outro elemento-chave da nossa equação: **o pensamento positivo**.

Quando nós focamos toda a atenção para nossas metas e aquilo que queremos, o cérebro começa a enxergar as chances que se apresentam à nossa volta – justamente para trazê-las a nós. É a partir desse momento que você poderá tomar decisões favoráveis para atingir suas metas e sonhos, acreditando que eles efetivamente poderão ser realizados.

No entanto, isso não significa que pensar positivo hoje vai trazer sucesso, fama, dinheiro e todos os seus objetivos amanhã. O que a atenção seletiva faz é dar as condições para que você assimile as oportunidades da vida. Seguindo esse raciocínio, quando nos mantemos focados em um problema, é o mesmo que procurar mais problemas. Nesse tipo de situação, a atenção seletiva fica presa, criando uma espiral. Não sei se você já reparou, mas as pessoas que passam a vida inteira reclamando só ficam mais infelizes, com a vida pior, com seus projetos e planos sempre dando errado. Percebi isso claramente quando eu e meu irmão mais velho, Fábio, tínhamos um bar e falimos. Dei-me conta, um dia, de que estava sempre lamentando, reclamando da vida e, com isso, tudo apenas piorava. Um belo dia pensei comigo e percebi que não poderia apenas reclamar: precisava dar um basta e enxergar como minha vida era boa, passando, então, a pensar em coisas positivas e seguir em frente. E eu juro que a partir desse momento tudo começou a fazer diferença.

Não é difícil aplicar a atenção seletiva na sua vida: digamos que você queira realizar uma venda, mas não consegue. Em vez de pensar no porquê de suas falhas, é muito mais eficaz pensar em como você pode encontrar o caminho das vendas – e, assim, seu cérebro buscará as soluções.

Quando você entende a atenção seletiva, precisa focar naquilo que está buscando. A partir de agora, preciso que você firme um compromisso comigo: focar na solução. Se você fizer isso, seu cérebro lhe dará alternativas para vencer.

Pare, também, de procurar culpados para seus problemas. É muito fácil e confortável se considerar a vítima de certas situações.

A culpa do fracasso do meu bar, por exemplo, era de muita gente: do governo, da pessoa que havia passado o ponto para mim, dos funcionários que não trabalhavam... De todo mundo. Menos minha.

A partir do momento em que parei com todo esse vitimismo e trouxe para mim o papel de protagonista, aceitando que era o responsável pelos meus resultados e que a minha vida estava daquela forma por causa de decisões tomadas por mim, e não por um funcionário ou outra pessoa, as coisas começaram a mudar – e eu também mudei.

Faça o mesmo: chega de reclamar da crise. Do governo. De outras pessoas. Seja o protagonista da sua vida. O responsável pelos seus resultados. A partir desse momento, dessa virada na sua vida, você poderá tomar controle dela. Enquanto você for a vítima, estará falando para seu cérebro que a culpa não é sua e não é preciso buscar uma solução, já que não há nada para fazer. Nesse ciclo de coitadismo, nada mudará.

Meu desafio é simples: encontre o sucesso focando nas coisas que você deseja, nas coisas que você quer, para que seu cérebro trabalhe a seu favor.

Para ajudá-lo a colocar isso em prática, reforço aqui as três atitudes que podem mudar a chave da sua atenção e, principalmente, da mensagem que você diz ao seu cérebro:

- **Sempre que quiser alguma coisa, coloque seu pedido de maneira positiva. Vamos supor que você tem uma tarefa importante para fazer no dia seguinte. Em vez de dizer "Não posso me esquecer de fazer isso", diga "Tenho de me lembrar de fazer isso". Porque: na** primeira versão, a palavra que fica gravada no seu cérebro é "esquecer", ou seja, sua intenção não será realizada; já no segundo, "lembrar" reforça a sua intenção e garante mais chances de você ter sucesso no seu desejo.

- Ao definir uma meta ou um desejo, tenha clareza nas especificações do que você quer, de tal modo que, sempre que fechar os olhos e pensar nesse objetivo, consiga visualizá-lo em todos os detalhes.

- Coloque-se no centro da realização. Sempre que estiver diante de uma situação que envolva o outro, não esteja na posição de quem espera a reação do outro para, aí sim, poder tomar uma ação. Inverta a lógica e use: "O que eu posso fazer para conduzir essa situação de modo favorável ao que eu quero?".

Dieta da informação

Uma edição de domingo do jornal americano *The New York Times* contém mais informações do que as divulgadas durante todo o século 18. Esse acúmulo de novidades e notícias que invadem nossos ouvidos, olhos, TVs e celulares pode complicar muito nosso foco para superar objetivos e conquistar metas (você com certeza já se viu em momentos que, de uma olhadinha rápida que daria na rede social, se viu horas perdido em novos links, atualizações e interações). Para lidar com isso, gostaria de lhe apresentar um conceito que pode mudar sua vida nesse sentido – e ajudá-lo a virar o jogo do foco: a **Dieta da Informação**.

A ideia é simples: você precisa evitar assistir jornais. Precisa evitar o lixo midiático. A mídia ganha dinheiro e audiência com carnificina e notícias ruins. E eu pergunto: o que essas informações vão acrescentar na sua vida? Um atentado, um assalto, uma separação entre artistas globais. O que isso acrescenta no seu dia?

Na verdade, isso só acaba com sua rotina e seu bom humor. Você já levanta da cama acreditando que o mundo é uma droga, nada funciona e as pessoas são ruins. A impressão que fica é de um universo de horror à nossa volta, quando, na verdade, o mundo é predominantemente bom. As pessoas são boas e querem seu bem. Ou você quer o mal dos outros ao seu redor?

Contudo, estamos tão cercados de notícias ruins graças aos filmes, aos jornais, que acabamos acreditando na maldade das pessoas. Na maldade do mundo. E isso é uma mentira.

Quando você faz uma dieta da informação, melhora sua qualidade de vida e sua vontade de viver. Liberta sua mente dos males causados pela mídia e sai da síndrome da vítima – a maneira como fomos educados, por toda a vida, pelo fato de a culpa ser de outra pessoa, como já discutimos. Ainda assim, estar aqui, lendo este livro, já mostra que sua vida começou a mudar para melhor. E não é fácil, porque reclamar é bom e cômodo. O motivo é simples: nós fomos acostumados a isso.

Desde pequenos aprendemos que chorando conseguimos as coisas. Quando nascemos essa é a única forma de nos comunicarmos, e é assim que mostramos as nossas necessidades a quem cuida de nós. A gente cresce e isso fica no nosso subconsciente, como um gatilho que é acionado toda vez que algo está emperrando nossos projetos. Então, por aprender que "chorando" nossos pedidos são atendidos, aprendemos que a culpa nunca é nossa por algo não estar como deveria estar. É do governo, do chefe, do tempo... coisas que estão além do nosso poder e, portanto, não conseguimos resolver.

No entanto, agindo dessa forma, você nunca estará no controle da própria vida, para realizar os próprios projetos.

Além disso, como se não fosse suficiente, há a mentalidade da escassez. Desde nossa infância, seja dentro de casa, seja na escola, aprendemos que o mundo é escasso: dinheiro, alimentos, recursos, espaço. E, com isso, pensamos que não existe espaço para todo mundo vencer na vida. Isso é vendido para nós, mas não é a realidade. Se você for atrás, fizer por onde, encontrará seu espaço. Esse resultado pode ser obtido. E um dos aliados para isso é cuidar da sua dieta da informação.

Você precisa cortar qualquer tipo de informação desnecessária. Não precisa saber que fulano matou ciclano. Que um desconhecido foi preso em outro estado. Quais são as polêmicas envolvendo a vida particular de famosos. Sabe por quê? Porque isso não agregará nada a sua vida. Nada. Você não vai morrer nem ser bem-sucedido graças a isso.

Convoco você a fazer este teste por uma semana: corte qualquer tipo de notícia, jornal, bloqueie seu feed de notícias no Facebook. É algo drástico, mas você precisa sentir a diferença. Evite ver notícias, assistir jornais, não faça nada. Perceba como seu tempo vai parecer expandir por isso e você se sentirá menos pessimista em relação ao mundo.

Depois de fazer esse experimento, peço que volte a se conectar de modo estruturado e aplicando os filtros necessários para mantê-lo na energia correta.

Só dedique seu tempo criativo, ou seja, momentos de atenção plena, para o que você for aplicar na sua vida, como este livro. Então, tudo aquilo que é importante e você adia (como aquela leitura, a série de vídeos de um conteúdo que lhe interessa) ganhará espaço na sua agenda. É hora de virar um *freesider*, e não de buscar informações irrelevantes para sua vida.

A partir de agora, você só assistirá TV para se entreter. Descansar, relaxar, ficar tranquilo – ou aprender algo que será aplicado imediatamente. Tome cuidado com os tipos de entretenimento que você consumirá: fuja de coisas ruins, que o puxarão para baixo e trarão uma visão ruim do mundo, pelo menos durante esta dieta, para educar seu cérebro. O truque, aqui, é instalar um filtro na sua mente: toda vez que acontecer algo, você irá se perguntar se isso faz sentido para você. Depois, perguntará se conhece alguém que vai contra essa regra.

Exemplo: os jornais dizem que o país está quebrando e as empresas estão fechando. Pergunte se isso faz sentido e, na sequência, se existe alguém que está ganhando dinheiro e prosperando. Provavelmente irá descobrir que muita gente está tendo anos ótimos, repletos de sucesso.

Se existem pessoas que estão dando certo, fazendo acontecer e crescendo, significa que é possível driblar a crise, e você não precisa ficar parado.

É isso que quero para você. Desenvolva senso crítico e perceba o que é real e o que é manipulação.

Se alguém o abordar para falar de notícias ruins, ignore. Mude o assunto. Não polua sua mente, pois, toda vez que começa o dia pensando em coisas ruins, a atenção seletiva irá programá-lo para absorver mais negatividade.

Não deixe qualquer tipo de notícia ruim entrar em você. Na hora do almoço, converse com as pessoas para saber o que está acontecendo, e pergunte sobre coisas importantes, mas boas. Se você realmente precisar saber de algo, irá descobrir sem assistir aos telejornais ou ficar horas rolando pelas redes sociais. A proposta da dieta da informação é ajudá-lo a não se contaminar com expectativas e comparativos ruins que ficam martelando na sua cabeça, absorvem sua energia e minam seu ímpeto de agir.

Sabotadores

Como você já percebeu, a nossa mente pode ser nossa amiga ou inimiga dependendo de como a controlamos e a deixamos nos dominar. Ela sabe sabotar a si própria – e isso acontece graças aos "sabotadores da mente": inimigos internos que se mostram em forma de padrões mentais automáticos e habituais, cada um com sua voz, crença e suposições, sempre trabalhando contra aquilo que é melhor para você.

Eles não são como uma gripe, que vem e vai. A busca, aqui, não é por descobrir se eles existem ou não, mas por saber *quais* dominam você e quais você domina – e quão forte eles são. No início da nossa vida, são amigos: ajudam-nos a vencer ameaças reais e imaginárias à nossa sobrevivência física e emocional, durante a infância. Depois, porém, eles continuam conosco – mesmo não sendo necessários. São como aquele amigo do colégio que não tem nada a ver com você, mas continua frequentando sua casa.

Eles são uma consequência da nossa necessidade de sobreviver há milênios, na verdade, já que, muito antes da existência de grandes civilizações, nós precisávamos nos preocupar com outras coisas – como um tigre querendo te matar ou uma grande tempestade de neve que poderia acabar com os suprimentos de comida. Ou seja, são recursos de nossa mente com a falsa promessa de nos manter em segurança.

Segundo Shirzad Chamine, autor do livro *Inteligência positiva*, existem dez principais sabotadores que insistem em jogar nossa mente contra nossos verdadeiros planos. Dentre eles, o crítico é o principal sabotador, o que afeta todos nós em algum nível. A seguir apresento cada um deles – e gostaria que você tentasse identificar qual é o seu mais ativo, o mais presente na sua vida.

A atenção seletiva nada mais é do que uma maneira de o nosso cérebro nos direcionar para aquilo que definimos como um foco importante.

Quando você faz uma dieta de informação, melhora sua qualidade de vida e sua vontade de viver. Liberta sua mente dos males causados pela mídia e sai da síndrome da vítima.

Insistente

O sabotador insistente é perfeccionista e precisa sempre estar bem organizado. Ele é pontual, crítico e tem uma grande necessidade de controle. Não é incomum que ele fale frases como "Se não é para fazer direito, não faça" e "Odeio erros". Ele se frustra muito quando não atinge seus objetivos e mente para si próprio ao dizer que sabe como tudo deve ser feito. Sua função é silenciar a autocrítica e dar a sensação de que você nunca está errado.

Rápida reflexão:

Com que frequência você se sente julgado por ser muito "cabeça-dura" e insistente?

....

....

....

....

....

Como você lida com a frustração?

....

....

....

....

....

Prestativo

É o missionário. Aquele que quer sempre ajudar os outros e ser aceito por conta disso. Com isso em mente, as frases mais relacionadas ao tipo são "Preciso salvar a todos", "Não penso o bastante em mim" e "Qualquer um pode gostar da minha pessoa". Nesse caso, sente que qualquer necessidade própria é sinal de egoísmo e, por conta disso, existe para satisfazer as necessidades emocionais dos outros, colocando-se sempre em segundo plano.

Rápida reflexão:

Você tem dificuldades em dizer não? Se sim, por que acha que isso acontece?

....

....

....

....

....

Você sente dificuldade em expor suas necessidades e se colocar também como prioridade?

....

....

....

....

....

Hiper-realizador

O workaholic, viciado em trabalho. Para ele, eficiência é a palavra-chave e nada mais importa. Competição, status e vitória são seus três nortes. É comum para esse perfil a crença de que emoções atrapalham os objetivos – e nada além do sucesso importa, mesmo que exija grandes sacrifícios.

Rápida reflexão:

Com que frequência você cancela seus planos por causa do trabalho?

....

....

....

....

É possível um ser humano cumprir sua lista de tarefas ou você inclui tantas atividades que só se não parasse nem um segundo, se fosse uma máquina, poderia talvez realizar tudo o que colocou para um único dia? De onde vem essa pressão por realizar sempre mais?

....

....

....

....

Vítima

O mundo é ruim. As emoções dominam. Ninguém é compreensivo e tudo joga contra. A negatividade, claro, impera – e a frase mais comum é "Queria que alguém ou algo me salvasse de todos esses problemas". O motivo? Simples: uma estratégia para extrair mais afeto, pois aprendeu que só recebe atenção quando se coloca numa situação problemática.

Rápida reflexão:

Com que frequência você tem pensamentos como "É só comigo", "Por que eu não nasci com outra vida", "Ninguém me apoia"?

....

....

....

....

Você tende a exagerar certas situações porque acredita que é só assim que a outra pessoa o ouvirá?

....

....

....

....

Hiper-racional

Frieza, arrogância e calculismo. Esse sabotador aflora o lado mais reservado, que prefere observar muito antes de tomar uma atitude. O valor, no fim das contas, está ligado com a sabedoria, entendimento e discernimento. Esta é uma estratégia que surge muito para sobreviver no meio da desordem e de um ambiente caótico gerado na infância. O problema? Por ter de pesar tudo tão intensamente para encontrar a lógica por trás de tudo, demora muito para tomar decisões e, com isso, corre o risco de perder grandes oportunidades.

Rápida reflexão:

Você tem dificuldade de se relacionar porque as pessoas o acham muito insensível?

....

....

....

....

Você acredita que é possível separar toda a emoção do racional? Qual lado costuma falar mais alto quando você está diante de decisões importantes?

....

....

....

....

Hipervigilante

Muita ansiedade e a necessidade de estar atento a tudo o lembram de algo? Geralmente sim: um lar tumultuado, repleto de incertezas. Esse trauma aflora o sabotador que nos faz sempre esperar pelo próximo problema, pela próxima catástrofe a ser encarada e resolvida – e muitas vezes nos deixa travados, sem saber para onde ir.

Rápida reflexão:

Você se pega obcecado por entender cada atitude, cada resposta, das pessoas ao seu redor? Está sempre preocupado com o que "tem por trás" de cada gesto?

....

....

....

....

....

Você costuma sempre esperar pelo pior, pela decepção?

....

....

....

....

....

Inquieto

O que vem a seguir importa mais do que aquilo que está sendo resolvido agora. O desconhecido é mais legal e mais atraente. Um pensamento constante é que ninguém consegue acompanhar aqueles instintos e ímpetos, e pode ter relação com a falta de atenção causada na infância e na adolescência: a inquietude é uma saída para aquietar e suprir essas necessidades.

Rápida reflexão:

Você tem dificuldade para esperar?

....

....

....

....

....

Você percebe que a ansiedade, a necessidade de antecipar as coisas, é um problema recorrente nas suas relações?

....

....

....

....

....

Controlador

É preciso sempre estar ao volante, e nunca no lado do passageiro – em uma metáfora que, claro, se estende para todas as outras situações da vida. Esta é a maneira mais fácil de compensar o medo de ser controlado por outros ou pela vida. Dessa maneira, a solução mais rápida (e perigosa) é não deixar ninguém dizer para o controlador o que fazer. Ele também tem tendência de querer resolver tudo sozinho, acumulando responsabilidades que nem sempre dá conta de atender.

Rápida reflexão:

Você tem necessidade de supervisionar e saber exatamente o que as pessoas da sua equipe ou quem vive com você está fazendo?

Você sente dificuldade em delegar uma tarefa e confiar que a outra pessoa a fará corretamente?

Esquivo

Sabe quando o foco na positividade se torna excessivo e, em vez de utilizá-la para resolver os desafios, a pessoa simplesmente passa a acreditar que "tudo vai se resolver"? É disso que estamos falando aqui. A partir do momento em que qualquer mínimo equilíbrio aparece, o esquivo pretende deixar as coisas daquele jeito, sem nenhuma evolução. Ele tem a tendência de esperar que as coisas tomem o rumo necessário por conta própria.

Rápida reflexão:

Diante de um conflito, qual costuma ser sua atitude? Você é proativo na busca por solução ou tenta se afastar até que as coisas se acalmem naturalmente?

....

....

....

....

Como você se sente quando pressionado a dar uma resposta?

....

....

....

....

Crítico

Tudo está errado: quem você é por dentro, as outras pessoas e situações da vida. É esse sabotador que nos traz raiva, decepção e sentimentos negativos, como culpa e arrependimento. Ele é o sabotador mestre e causa original de nossa ansiedade. Esse perfil aparece pela necessidade de sobrevivência original, para evitar qualquer possibilidade de surpresa – aumentando nossas chances de continuarmos vivos. O crítico é muito duro com os outros, mas, principalmente, consigo mesmo. Ele nunca chega lá, nunca é bom o suficiente.

Rápida reflexão:

Quão duro você tem sido consigo mesmo? Qual a régua de exigência que coloca para si? É a mesma que para os outros?

....

....

....

....

Você tende a enxergar o copo meio cheio ou meio vazio? Quer dizer, é mais fácil ressaltar qualidades ou defeitos nas pessoas e situações?

....

....

....

Quais desses sabotadores você mais identifica com suas atitudes? É muito comum nos vermos agindo com eles em níveis diferentes, às vezes com mais intensidade, às vezes com menos. Identificar seus sabotadores é o primeiro passo crítico para derrotá-los, pois você não pode lutar contra um inimigo visível que se disfarça de amigo.

Depois de avaliar seu principal sabotador, leve a conclusão a que chegou para familiares e amigos próximos – este é um passo fundamental para melhorar internamente.

O mais importante já aconteceu: você conhece seus sabotadores – e conhecer o "inimigo" já é um grande caminho para a vitória. Agora é necessário atentar às aparições deles no dia a dia – pois eles aparecem quando estamos mais distraídos. Assim que você notar a presença de um sabotador, mantenha a calma: respire fundo, dê algum tempo para si próprio e analise se a decisão que está prestes a tomar está partindo de você ou do sabotador.

Para você sentir que está no caminho certo, basta lembrar-se de uma das frases ditas pelo gênio Bob Dylan: "Um homem é um sucesso se pula da cama de manhã, vai dormir à noite e, nesse meio-tempo, faz o que gosta".

Nós nos vemos no próximo capítulo.

Capítulo 5
Competência interpessoal - Reflexos da nossa mente

É impossível viver sozinho

Agora que você aprendeu um pouco mais (ou muito mais, espero eu) sobre você mesmo, é hora de começar a mergulhar mais fundo na sua relação com outras pessoas. Este é o momento de embarcarmos em mais uma jornada, agora sobre *Competência interpessoal*. Ou seja, as nossas habilidades para interagir com o outro de maneira relevante e eficiente. Afinal, é impossível fazer qualquer coisa sozinho, pois, em algum momento, a resposta ou ação do outro se faz necessária.

Assim como a competência pessoal pode ser desenvolvida e aprimorada, o mesmo acontece quando olhamos para a interpessoal. E isso é importante porque nós nos acostumamos muito a dar peso para certas coisas – e na hora de comparar a maneira como você lida consigo próprio e a forma como interage com outros, é fácil se perder em uma simples questão: O que é mais importante em cada situação? Eu devo insistir para fazer meu ponto valer, devo abrir mão do meu posicionamento ou, melhor, como eu posso criar uma situação em que ambos os lados são ouvidos e chegam a um acordo?

Seja para negociar alguma coisa, apresentar um projeto, seja para resolver um impasse, conseguir captar a atenção do outro e se expressar de maneira que ele possa compreender suas intenções e recomendações é fundamental para interações que tenham o desfecho positivo que você deseja. Agora você deve estar pensando: "Legal, Fagner, e como posso melhorar a minha capacidade de me relacionar com os outros?". É isso mesmo o que veremos a seguir por meio de três pilares que, depois, serão aplicados na sua rotina: **influência instantânea**, **neurônio-espelho** e ***rapport***.

Influência instantânea

Você já viu uma pessoa desempenhar algo que você gostaria muito de fazer, mas nunca se sentiu motivado o suficiente? Essa não é uma raridade. Já aconteceu com muitos de nós – e já estivemos dos dois lados: fomos aqueles a realizar e aqueles a invejar a realização alheia.

É muito comum, em situações assim, que a pessoa bem-sucedida tente motivar o outro a obter êxito também. Para chegar lá, geralmente, mostra suas motivações e aquilo que a fez seguir em frente, até conseguir sucesso no que almejava.

Esta é uma prática muito bem-intencionada: você pensa que, ao deixar bem claro os benefícios atingidos, o esforço vai valer a pena.

Para trazer isso mais perto de nós, basta pensar em duas pessoas que trabalham juntas. Uma delas vai para a academia diariamente e está em forma; a outra vive de uma maneira sedentária. Os exemplos dados pelo "rato de academia" são muitos: você fica mais saudável, mais feliz e mais disposto quando treina, além, é claro, da melhoria física. No entanto, raramente isso funciona para convencer o outro a mudar seus hábitos, e o motivo é simples: quando você tenta convencer alguém, geralmente o faz mostrando os *seus* motivos para alcançar um objetivo – e nem sempre eles são os mesmos objetivos da outra pessoa.

No mundo das vendas, essa estratégia é conhecida como *tell-and-sell* (mostre e venda, em tradução livre). A outra pessoa pode até concordar com tudo o que você disse, mas não são razões que falam ao coração do sedentário, no caso do nosso exemplo. Ainda que você mostre o caminho, se a motivação certa não for atingida, pouco importa: ele não será trilhado.

Na verdade, décadas de estudos científicos provaram que, em vez de estimular alguém, essa estratégia pode baixar ainda mais os níveis de motivação do outro.

Você pode estar se perguntando o que funciona, e a resposta é simples: em vez de tentar descobrir *o que* a pessoa quer, é preciso saber *por que* ela quer. É isso o que chamamos de **influência instantânea**. Para mostrar como isso funciona, podemos manter o exemplo citado: a pessoa que já frequenta academia diariamente e aquela que diz que quer ir, mas não vai.

Motivar a segunda pessoa exige tocar no que realmente importa. Então, vamos supor que essa pessoa esteja sentindo muitas dores nas costas. Passa o dia inteiro sentada, nunca se exercita, a postura está comprometida e ela corre sérios riscos de desenvolver uma hérnia de disco. Para ajudar sua colega, a pessoa número 1, que se exercita, será muito mais eficiente se, em vez de falar dos benefícios genéricos da prática física, for direto ao ponto que conecta com seu amigo: "Veja bem, sabe essas dores que você tem sentido? Elas podem ser aliviadas com o exercício. Antes de praticar, eu tive dias em que ficava travado. Hoje, as dores desapareceram e a minha disposição melhorou muito. Agora imagina como seria sua vida sem essa dor insuportável nas costas e sem o risco de ter uma hérnia de disco. O que acha de fazer um teste?".

Ao entender claramente o que ela vai ganhar ao seguir o conselho que recebeu, e imaginar como estará após conseguir o resultado, essa pessoa se sentirá muito mais motivada a ir lá e fazer, pois o benefício para ela está muito claro.

E para ser capaz de influenciar instantânea e positivamente, aprender a ouvir de verdade o que o outro tem a dizer é importante, pois só assim você conseguirá ser assertivo em suas próximas ações, fazendo muito bem para o outro – e para si próprio, melhorando suas habilidades como *freesider*.

Neurônio-espelho

Não é só de influência que vivemos e mexemos com o outro. Uma das maiores descobertas científicas do século 20 tem justamente a ver com isso: são os **neurônios-espelho**. A ideia por trás deles é simples, mas revolucionou a ciência: a análise da reação do nosso cérebro a ações realizadas por outras pessoas. O exemplo clássico que inspirou a descoberta conta a história de um macaco que estava tendo o cérebro analisado por cientistas – e suas ondas cerebrais, que reagiram ao ver um estudioso levar um sorvete à boca. O macaco sequer havia se movido, mas suas ondas cerebrais estavam a mil, como se o próprio animal estivesse saboreando o doce.

As pesquisas evoluíram para descobrir que em nós, humanos, os neurônios se ativam quando imitamos alguém ou algo, quando complementamos ações ou com o simples ato de imaginar a realização de ações. Isso também se reflete em outros cenários que não dizem respeito a, como o exemplo escancarou, alguém tomando um sorvete. Pode ter a ver com um plano de vida, uma meta a ser atingida, um objetivo a se alcançar.

Essa descoberta nos ajudou a compreender como nosso cérebro realiza uma série de simulações para tomar decisões, e tem uma imensa capacidade de fantasiar. O espelhamento neurológico também é um dos principais responsáveis pela empatia: ao "imitar" a ação ou experiência alheia, colocamo-nos no lugar do outro. É assim que nos antecipamos a certas situações e até mesmo usamos os sabotadores para nos proteger de possíveis situações quando jovens. A empatia, porém, vai além: ao mesmo tempo em que sentimos isso, sabemos que ela também está presente no outro – e esta pode ser outra grande estratégia para melhorar suas conexões interpessoais.

Por ser um comportamento quase inconsciente, estimular e lidar diretamente com os neurônios-espelho pode parecer uma tarefa complicada. Não é.

Para aplicá-la em seu dia a dia, você pode realizar exercícios de atenção que consistem em estar mais vigilante aos gestos, atitudes e comportamentos de pessoas que já alcançaram posições e conquistas que você deseja para sua própria vida. Não tem a ver com simplesmente desejar e muito menos invejar o sucesso alheio, e sim com entender como aquelas atitudes podem ser replicadas – ou ao menos adaptadas – por você.

Outra opção – que não anula a anterior – é visualizar-se no seu destino. O que você fez para chegar lá? Quais comportamentos abandonou – ou incorporou – para que o sucesso deixasse de ser uma ilusão para transformar-se na mais pura realidade?

Os neurônios-espelho têm um papel muito importante porque estão associados à nossa necessidade de pertencer a um grupo, afinal, somos seres sociais. Então, além de se manter atento aos padrões daqueles que estão onde você almeja, também é possível usar esse conhecimento para influenciar pessoas ao seu redor. Um caminho para isso é por meio da *prova social*. A prova social consiste em estimular o comportamento de um indivíduo por meio da ação de um grupo.

No documentário de Derren Brown, *The Push*, disponível na Netflix (e que recomendo fortemente que você assista), isso é muito bem apresentado. Por meio de uma série de situações, Derren mostra como uma ação pode ser influenciada por um grupo, ou seja, como a gente tende a copiar o comportamento do outro, muitas vezes sem saber o motivo, a fim de se manter como parte do grupo. Um exemplo bem legal disso é quando, ao simular um processo seletivo, diversos atores contratados se misturam a participantes que não sabem que estão sendo gravados. Ao toque de uma sirene, esses atores se levantam de seus lugares e, em seguida, sentam-se novamente. Sem entender nada, os desavisados imitam os atores – e isso se repete diversas vezes. Esse padrão é chamado de *conformidade social*.

Então, aqui quero lhe fazer uma provocação: Quantos dos seus comportamentos estão sendo influenciados pelo grupo a que pertence? E você? Tem conseguido influenciar?

Isso se conecta perfeitamente com o que vamos discutir a seguir.

Rapport

Do francês, a palavra *rapport* significa, literalmente, *relação*. Mas não estamos falando de qualquer relação: no nosso universo, ela significa criar uma conexão de intimidade, confiança e harmonia, deixando o outro mais aberto e receptivo para trocar informações, aceitar propostas e lidar com mudanças.

De uma maneira mais simples e abrangente, o *rapport* acontece quando, ao conhecer alguém, existe uma percepção subjetiva de confiança e harmonia. Sabe aquele desconhecido que, com cinco minutos de conversa, já cria intimidade e sensações tão positivas, que você parece conhecê-lo desde a infância? Isso é *rapport*.

Entender como ele funciona é uma maneira de quebrar barreiras e aproximar-se de pessoas, aumentando seu círculo social, profissional e indo mais além como indivíduo por um motivo muito simples: a empatia.

Muitas vezes, graças a vícios do passado, temos o costume de julgar alguém antes mesmo de conhecer a pessoa. Imersos em nosso próprio mundo, esquecemos que cada ser tem uma história própria, um passado diferente e motivos diversos que as fazem chegar aonde estão, pensar como pensam e viver da maneira como vivem. Um primeiro passo para quebrar as suas próprias barreiras antes de tentar derrubar aquelas que se colocam entre relações pessoais, então, é o esforço de compreender o outro antes de tirar conclusões. Lembre-se: cada pessoa deste mundo é um universo próprio, com muito a agregar e somar. Demonstre interesse pelas pessoas que conhecer e descobrirá coisas novas todos os dias. Busque ouvir cada palavra que os outros têm a dizer com atenção, e sorria: é assim que você gostaria de ser tratado. Chame-os pelo nome, seja um bom ouvinte e crie uma atmosfera de conforto, com toda a sinceridade que cabe em você, para dar início a relações frutíferas e positivas.

Além de compreender o comportamento da pessoa, você também pode imitar alguns de seus gestos e hábitos para criar *rapport*. Pode ser um tom de roupa parecido, a velocidade da fala, a forma como o outro gesticula – o que importa, aqui, é não deixar nenhum detalhe passar batido. A partir do momento em que vocês estiverem na mesma sintonia harmônica, você pode encaminhar uma conversa ou uma proposta para o tom que mais lhe atrai – e o outro o seguirá instintivamente.

O truque de mestre do bom vendedor (e, consequentemente, do *freesider*) é, justamente, saber aliar o *rapport* com o espelhamento de neurônios. O objetivo deve ser sempre utilizar essas técnicas para influenciar positivamente as pessoas a tomarem decisões que irão ajudá-las a atingir suas metas. Lembre-se: seu foco deve estar sempre no outro.

Grupo de influenciadores

Sabia que você é a média das cinco pessoas com quem você mais convive? Isso pode parecer confuso, mas é exatamente o que parece: pense nas cinco pessoas que mais participam do seu dia a dia. Pense em suas características, no jeito como se comportam e aquilo que desejam. Invariavelmente, você descobrirá que grande parte de quem você é está diretamente conectada a essas cinco pessoas.

O ponto, então, se transforma: Com quem você deseja conviver se quer ter mais resultados positivos na vida? É importante ficar atento a isso. Não estou pedindo para que você se afaste de amigos de infância e colegas, mas pode ser importante até para eles que você busque prosperar, já que todos se beneficiarão com isso.

Para compreender melhor esse caminho, vale a pena fazer-se algumas perguntas.

Qual é a realidade que você vê?

Tudo o que você enxerga no dia a dia molda sua realidade. Aquilo que você vê, no fim das contas, torna-se a verdade universal, muitas vezes impedindo-o de crescer e buscar voos mais altos.

Quais são os parâmetros que você escuta?

Quando você busca opiniões dentro do grupo mais próximo de pessoas ao seu redor, o que ouve? Com um pouco de reflexão, é possível enxergar mais um padrão de comportamento e crenças que se repetem. Se o seu grupo tem um nível financeiro maior, eles terão padrões diferentes de um grupo com nível financeiro menor. E isso influenciará diretamente suas decisões.

O que é possível para você hoje e quem o aconselha?

Nós só acreditamos no que podemos alcançar em decorrência daquilo que as pessoas ao nosso redor já conquistaram. As pessoas que nos aconselham o fazem baseadas em vivência, conhecimento e experiências que compartilham conosco.

Todas as pessoas gostam de se enxergar como conselheiras, e é justamente por isso que precisamos tomar cuidado com os indivíduos que buscamos para nos aconselhar. Isso interferirá diretamente em nossas expectativas, metas e resultados. Se você busca, por exemplo, uma opinião sobre trabalhar pela internet com pessoas que desconhecem esse meio, elas irão desestimulá-lo a perseguir a sua vontade. O desconhecido sempre soa perigoso – e em vez de estudar e entender, o comportamento padrão é afastar-se. Fugir. Inseguros de soarmos ignorantes, geralmente criamos opiniões negativas de experiências que podem ser muito positivas.

Algo muito comum de ouvir é que vale mais a pena seguir o fluxo, caminhar ao lado da maioria, evitar tropeços. Mas é isso o que você deseja? Os resultados da maioria das pessoas ao seu redor – e em todo o mundo – parecem bons o suficiente para você? Sei que não pelo simples fato de você estar com este livro em mãos.

Observe o padrão mental da maioria da população: pessoas, problemas e dinheiro. Fofocas sobre artistas, comentários sobre a vida alheia, e nunca sobre ideias e projetos.

A prioridade da maioria da população é comprar coisas de que não tem necessidade, para impressionar gente de que não gosta, com dinheiro que não tem. É a busca por status e uma vida dedicada a pagar contas.

O objetivo delas é ganhar na loteria, sem esforço para gerar resultados e construir seu valor.

Persiga a minoria para conseguir resultados melhores. Acredite na exceção. Faça o que você precisa fazer.

Alguém realizou o que você buscava e obteve resultados? Se sim, entenda que também é possível para você. Trabalhe com esse padrão de pensamento e, quando a dúvida surgir, lembre-se dessa ideia. Mais do que isso: se essas pessoas estiverem à sua volta, busque-as. Peça ajuda. Hoje, com as mídias sociais, ficou muito mais fácil acompanhar e se aconselhar com pessoas de sucesso. O caminho já trilhado por elas pode ajudá-lo a chegar aonde você deseja com menos percalços.

Atualmente existem grupos de pessoas que se unem para discutir ideias, se ajudar a resolver problemas pontuais e crescer em harmonia. Napoleon Hill definiu esses grupos como *masterminds* no livro *Quem pensa enriquece* e mostrou que ter essa rede de apoio e inspiração é o grande trunfo das pessoas que alcançam a prosperidade.

O truque de mestre
do bom vendedor
(e, consequentemente,
do freesider*) é,*
justamente, saber
aliar o rapport *com*
o espelhamento de
neurônios.

Busque se informar sobre esses grupos aqui no Brasil e como participar deles. No link: freesider.com.br/mastermind você pode obter mais informações sobre o assunto.

Entenda os padrões mentais de quem prosperou: elas discutem as próprias ideias, os projetos que desejam executar e as maneiras positivas de gerar impacto no mundo. Em vez de comprar passivos, como carros e bens fúteis, investem em ativos, posses que irão gerar mais lucro, assunto que vamos discutir ao desenvolvermos nossa competência financeira. E o mais importante: estão sempre procurando aprender mais e mais.

Isso faz com que essas pessoas vivam intensamente e sejam plenas. E eu espero que você busque exatamente isso para a sua vida.

E não se esqueça: não viemos ao mundo apenas para sobreviver. É importante ter ambições, metas e objetivos para alcançar, conquistar, superar. No entanto, se a vida se resumisse a isso, não teria graça. É por esse motivo que, neste capítulo, você aprendeu a melhorar suas relações interpessoais por meio de estratégias que funcionam muito bem para os negócios, mas que, antes disso, podem (e devem) ser aplicadas à vida. Dentro de casa, com seus amigos, colegas, até mesmo com alguém que você acabou de conhecer.

Assim como nunca sabemos qual será a próxima grande oportunidade que se apresentará à nossa frente, também não conhecemos a importância de um total estranho – até que isso fique explícito. Era assim com este livro, certo? E agora você está percebendo que, passo a passo, página a página, sua vida está mudando. No entanto, ainda temos um longo caminho a percorrer – e a estrada está bem na sua frente. Ou melhor: no próximo capítulo.

Em vez de tentar descobrir o que *a pessoa quer, é preciso saber* por que *ela quer. É isso o que chamamos de* influência instantânea.

Em nós, humanos, os neurônios se ativam quando imitamos alguém ou algo, quando complementamos ações ou com o simples ato de imaginar a realização de ações.

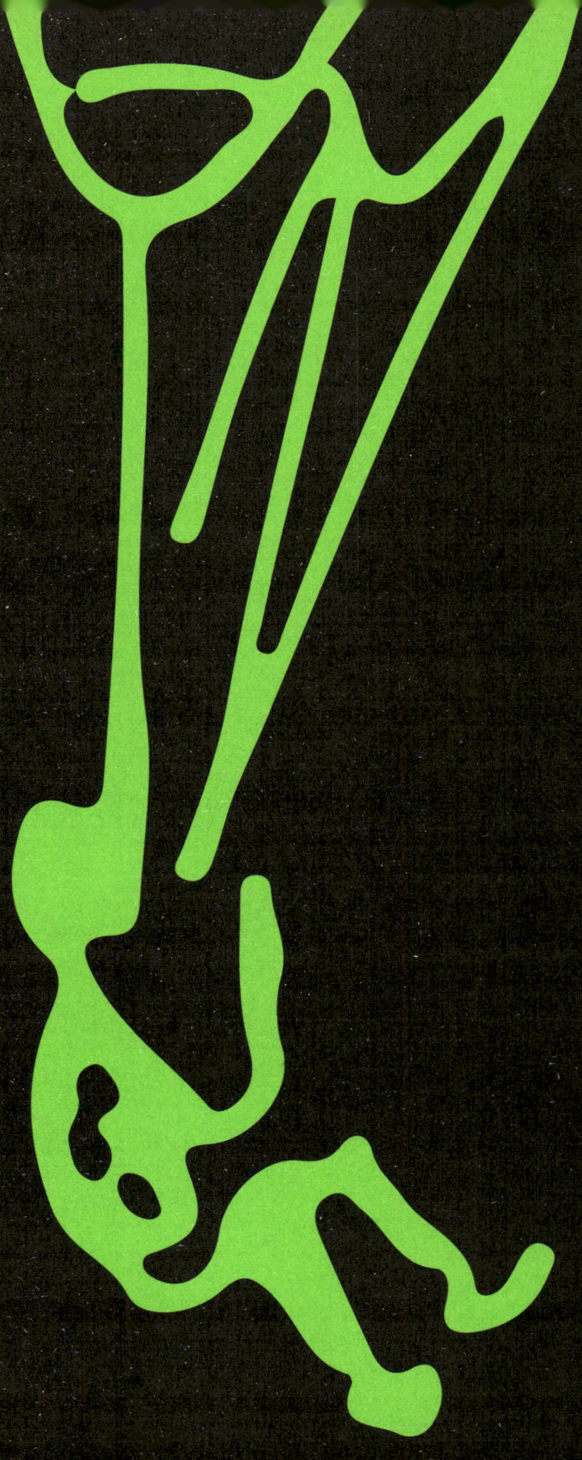

Capítulo 6
Competência interpessoal – Como nos relacionamos

O interesse no outro

Para ser bem-sucedido na vida é imprescindível dar-se bem com as pessoas. E, por mais óbvio que essa frase pareça, ela é imensamente real – e muita gente se esquece desse detalhe.

Existem diversas maneiras de criar relações frutíferas com os outros, mas uma em especial é imensamente simples e muito fácil de encontrar e analisar. Você pode se deparar com ela em sua própria casa – ou, se este não for o caso, no parque mais próximo. O nome da solução varia muito, mas algumas coisas são as mesmas: ela tem quatro patas, late e abana o rabo – este último detalhe, aliás, é o mais importante. Ele acontece com a mínima demonstração de alegria e carinho, e não deixa dúvidas: é algo honesto. Não acontece porque o cachorro deseja lhe vender um imóvel ou convencê-lo de algo, e sim porque ele realmente está feliz.

Você já parou para pensar que os cachorros são os únicos animais, além dos gatos (mas vamos deixá-los de lado por um momento), que não precisam trabalhar para viver? A galinha coloca ovos. A vaca fornece leite. Os pássaros cantam. Mas os cachorros só dão amor.

Temos muito a aprender com eles por um simples motivo: ainda que seja completamente natural esperar algo dos outros, este parece ser o único motivo pelo qual *damos* algo. As pessoas estão interessadas apenas em si mesmas. Duvida? Então pense bem: Qual é a primeira pessoa que chama sua atenção em uma foto com você e seu grupo de amigos? Você!

Ser sinceramente interessado em outras pessoas é uma das qualidades mais importantes de um vendedor. Na verdade, é uma das qualidades mais importantes de qualquer ser humano. Uma pessoa pode conseguir a atenção, o tempo e a cooperação de qualquer outra pelo simples (porém real) interesse demonstrado por ela.

Você quer conquistar pessoas verdadeiras? Quer tê-las ao seu lado? Coloque-se à disposição delas. Esteja disposto a fazer coisas que peçam tempo, energia, desprendimento e foco. Para ter amigos, parceiros e clientes, o caminho é o mesmo: saudá-los com animação, interessar-se de verdade pela vida deles e tratá-los com gentileza.

Essas atitudes são tão reais, que empresas de telemarketing muitas vezes aplicam um treinamento para fazer com que seus funcionários falem em um tom de voz que transmita interesse e entusiasmo.

Pense nisso na próxima vez que você atender o telefone (ainda que as pessoas usem esse artifício cada vez menos).

E lembre-se, acima de tudo, que demonstrações de interesse são como qualquer outro princípio de relações humanas: pedem sinceridade. Se você quer que as pessoas gostem de você – ou simplesmente façam negócios com você –, é preciso ajudar e ser bom.

Podemos resumir isso em uma frase: interesse-se sinceramente pelo outro.

A maneira de tratar as pessoas

Existe apenas uma maneira de conseguir algo de alguém: entregando algo que o outro deseja. Claro, existem outras formas menos ortodoxas – você pode gritar até obter sucesso, chantagear ou até mesmo ser violento, mas isso faria de você uma pessoa muito pior. Assim, é preciso optar pela primeira escolha.

A filosofia já correu muito por esse assunto. Para Sigmund Freud, o universo gira em torno de duas coisas: sexo e o desejo de grandeza. Já para John Dewey, a ideia corre apenas pelo desejo de ser importante.

Talvez você não deseje muito, mas sabe que o peso desses desejos é grande. Saúde, descanso, alimento, lazer, seu bem-estar e das pessoas próximas a você e a sensação de ser importante. Quase todas essas vontades podem ser saciadas – menos a última, que é insaciável. Esse desejo, tão inerente e profundo, é uma das coisas que nos separa dos animais – sempre movidos por instinto e costume.

As raríssimas pessoas que conseguem suprir essa vontade são aquelas que têm os outros na palma da mão. E é esse desejo que o faz buscar as roupas da moda, uma escola de qualidade para seus filhos e um estilo de vida que o satisfaça – se não fosse assim, este livro não estaria nas suas mãos e você não estaria buscando o estilo de vida *freesider*.

A faca, porém, tem dois gumes: quando algumas pessoas não conseguem nenhum tipo de satisfação, a vida pode ser muito cruel – o que, muitas vezes, resulta em severa depressão ou até mesmo demência. No entanto, não é isso que queremos analisar: queremos olhar para o sucesso.

Um dos primeiros homens da área comercial nos Estados Unidos a ganhar mais de US$ 1 milhão por ano foi Andrew Carnegie. Ele foi escolhido para ser o primeiro presidente da recém-fundada United States Steel Company, em 1921, com apenas 38 anos de idade – e ele não era um gênio, tampouco entendia muito sobre manufatura de aço. O homem que o escolheu para o cargo, Charles Schwab, o fez por um motivo simples: sua habilidade no tratamento com as pessoas. Mais especificamente, a habilidade em despertar o entusiasmo entre os homens.

Na filosofia de Carnegie, a melhor maneira de matar as ambições de um homem era a crítica de seus superiores. Sendo assim, evitava realizar tal ato, buscando incentivar sua equipe. Ao gostar de algo, ficava ansioso para elogiar – enquanto a maioria das pessoas busca justamente o contrário: investir contra seus subordinados quando há algo de errado e evitar fazer elogios ao ver coisas boas sendo realizadas.

Carnegie elogiava seus associados publicamente, do mesmo modo que o fazia em particular – e carregou isso até a sepultura. Nela, mandou escrever: "Aqui jaz um homem que soube ter junto de si homens que eram mais inteligentes que ele".

Muitas vezes nos preocupamos apenas em alimentar as pessoas com o básico e o óbvio, mas nos falta, por costume, a percepção da necessidade de alimentar a vaidade.

Não podemos, porém, confundir um elogio com bajulação – já que o primeiro é sincero e o outro, não. É importante lembrar das palavras do general mexicano Álvaro Obregón, cravadas em uma estátua sua no Palácio Chapultepec: "Não tenha medo dos inimigos que o atacam. Tenha medo dos amigos que o bajulam".

Não prego, aqui, a bajulação, e sim um novo modo de viver. Até porque, bem, bajular é fácil – e muita gente o faz. A questão, aqui, é pensar nos pontos bons que residem em outra pessoa, o que tornará qualquer elogio verdadeiro. Esse exercício precisa ser uma constante em nossa vida: é necessário elogiar o cozinheiro por uma boa refeição, o motorista por um bom transporte, seus colegas por boas atitudes. Magoar as pessoas não apenas deixa de modificá-las: impede o despertar de suas atividades.

Por um instante – que pode ser definidor para o resto de sua vida –, tente parar de pensar em suas próprias qualidades e desejos, e experimente, através da empatia, o que se passa com outra pessoa. Deixe a bajulação de lado: busque elogios sinceros e verá que o mundo estará aberto para você e seu sucesso.

Delegar e terceirizar

Uma vez formadas as relações pessoais, é inevitável compreender que nada pode ser alcançado sozinho. Assim, faz-se necessário espalhar os diversos abacaxis que existem em nossa vida e nossos negócios – aqueles desafios constantes que aparecem com certa frequência. Encontrar esse equilíbrio não nos coloca na situação de patrão nem de empregado: a ideia é fazer todo o processo da forma mais automática possível, sem depender de si próprio, para conseguir ter mais tempo para realizar o que é verdadeiramente importante. Em suas mãos restará apenas o essencial, o que cabe apenas a você. O resto será distribuído – e realizar isso é libertador.

Por que fazer?

Se você deseja ter tempo, é preciso acostumar-se com algo muito difícil de absorver hoje: você não deve fazer tudo. Essa mania foi enraizada especialmente nos últimos tempos, mas é muito maléfica. Você até pode desempenhar uma função melhor do que a pessoa escolhida para realizá-la, mas será que o tempo livre que você receberá não compensa? Às vezes nos preocupamos demais com tarefas menores e ficamos com menos tempo para as metas que realmente cabem a nós – e este é o segundo argumento: otimizar o nosso tempo para fazer aquilo que apenas você pode fazer.

O terceiro e quarto pontos são igualmente simples: quando você divide funções, multiplica seus resultados – lógica básica. E, quando você identifica o que faz de melhor (e o que é mais importante), tem facilidade para delegar as outras funções e livrar-se delas.

E nem sempre estamos falando de grandes abacaxis, que se mostram difíceis de descascar. Às vezes as coisas que o prendem são justamente aquelas simples, que poderiam ser realizadas por qualquer outra pessoa. Esse foi o caso de uma aluna, que precisou libertar-se da mania de "só eu sei fazer bem", a começar pelas tarefas domésticas, para poder ganhar tempo – e investi-lo em sua própria carreira e seus sonhos. Bastou começar a delegar simples tarefas do dia a dia para seus filhos, como cuidar da arrumação de suas coisas, colaborar com os cuidados diários da casa, como lavar e guardar a louça, organizar as próprias roupas – e confiar que eles as realizariam –, que a agenda começou a ficar mais tranquila, pois ela já não precisava se preocupar em dar conta de tudo.

Com essa atitude, ela pôde focar mais nas atividades que gostaria de desenvolver e cumprir as metas que estabeleceu para si mesma. Consequentemente, ela se sentiu mais realizada. E o melhor: essa mudança foi positiva para toda a família. Seus filhos aprenderam a ter mais responsabilidade, a sentirem-se mais donos das próprias coisas e prioridades e a valorizar o cuidado com o próprio bem-estar. Essas pequenas mudanças fizeram com que a vida em família fosse mais harmoniosa e repleta de momentos muito mais focados em compartilhar ideias, aprendizados e crescimento, em vez de ser um clima de cobrança uns com os outros

O que fazer?

Agora que você entendeu o porquê, é hora de definir exatamente o que fazer para obter sucesso. O primeiro passo é compreender com precisão as atividades da sua vida que podem ser realizadas apenas por você.

Não pense, porém, que isso o impede de ter alguém por perto para ajudar quando necessário: já disse e repito que só é possível ir longe com a ajuda dos outros. Assim, tenha alguém preparado e pronto para auxiliar quando necessário.

A partir do momento em que essas relações já estão bem estabelecidas e organizadas, é vital desenvolver processos para analisar o resultado daquilo que você busca. Isso significa entender cada etapa de suas atividades a fundo, já que caberá a você compreender e exaltar o que deu certo e analisar e corrigir o que deu errado. Isso significa estabelecer pontos de controle – algo que pode e deve ser aplicado em cada etapa da sua vida –, para evitar surpresas negativas.

Como fazer?

Liste todas as suas atividades. Em seguida, descreva tudo o que é necessário para colocá-las nos trilhos – e o resultado que deverá ser alcançado. Repita o processo por vários dias, para certificar-se de que nada ficou de fora e tudo está incluído. Um ótimo método para isso é anotar o que aconteceu de errado e como o desafio foi resolvido.

A prática da percepção melhora muito a nossa vida. Tanto as decisões que tomamos quanto a forma como nosso dia é organizado influem, e muito, nos nossos maiores objetivos pessoais e profissionais.

Ser sinceramente interessado em outras pessoas é uma das qualidades mais importantes de um vendedor. Na verdade, é uma das qualidades mais importantes de qualquer ser humano.

Existe apenas uma
maneira de conseguir
algo de alguém:
entregando algo que
o outro deseja.

Uma vez organizado, você deve analisar quais pontos não dependem de você – e, assim, irá reduzir ao máximo a necessidade de intervir naquilo que não lhe diz respeito. Apenas ciente de tudo isso é que você poderá orientar quem estiver ao seu lado – sejam amigos ou "terceirizados" para o auxílio que você precisa. E isso é obtido de uma forma rápida: utilizando todas as informações, as atividades e os resultados a que você já teve acesso.

Seguindo tudo isso, o resultado é apenas um: mais controle. Mais autonomia. Mais tempo. Mais liberdade. Delegar não é simples. Não é fácil. Mas, como tudo na vida, pode se transformar em um hábito que trará apenas bons frutos.

Parabéns

Pare por um segundo. Respire fundo. Sorria. Você, caro leitor, chegou à metade da nossa jornada. Uma jornada de compreensão, para abrir a mente e clarear os caminhos para uma vida mais próspera, feliz e ampla.

Gostaria de aproveitar este momento para fazer um lembrete importantíssimo: momentos definidores nunca são fáceis. Acostumados a viver em uma bolha, sempre seguindo os mesmos ritos, vícios e costumes que nos fazem mal, certas mudanças parecem grandes demais para que possamos absorvê-las inteiramente.

Se você está apreensivo, preocupado com o entendimento de tudo o que leu e descobriu até agora, permita-se ficar assim. Não ignore esse sentimento ou tente escondê-lo, fingindo que está tudo bem. Uma das etapas para evoluir é justamente lidar com seus sentimentos e medos de uma maneira honesta e aberta.

Peço para que você aceite o seu medo porque, depois disso, é muito mais fácil perceber quão longe chegou, quanto progresso fez e, por fim, visualizar sua alma de vendedor – que está em todos nós.

Se ainda restam dúvidas em relação a isso, reflita sobre tudo o que aprendemos até agora. Perceba como cada ponto irá ajudá-lo a relacionar-se melhor com outras pessoas, criando conexões sociais e profissionais mais fortes, duradouras e verdadeiras. É dessa maneira que você conseguirá ter mais segurança e tato para vender suas ideias, expor seus pensamentos e alçar voos mais altos.

Tudo o que fazemos na vida envolve vendas. Das mais subjetivas, como a inserção de novas pessoas em nossa vida, até as mais práticas – conquistar alguém, reforçar suas características positivas, atingir suas metas.

Agora é a hora de você se vender para si mesmo. Enxergue tudo o que há de bom em você, seja grato pelo progresso alcançado e prepare-se para a próxima metade da estrada que iremos trilhar, tendo em mente que o destino final será o melhor possível.

Uma das etapas para evoluir é justamente lidar com seus sentimentos e medos de uma maneira honesta e aberta.

SEÇÃO 2

Ganhe tempo e dinheiro

Capítulo 7
Competência financeira – O que aprendemos sobre o dinheiro

Você já teve a sensação de que o dinheiro sempre escorre pelas suas mãos? Que ele desaparece com uma facilidade oposta à que surge? Às vezes, parece que nós temos um teto financeiro que nunca pode ser transpassado.

Nós tentamos, tentamos e tentamos, e muitas vezes parece em vão. Lutamos, mas retornamos para a estaca zero. Não importa qual é o seu teto: o problema é a impossibilidade de ir além.

Essa é uma realidade problemática e muito frequente na vida de mais pessoas do que você imagina – e muito provavelmente na sua realidade também. Finalmente chegou a hora de entender as causas desse problema – e, mais importante ainda: como resolvê-lo.

Termostato financeiro

Termostato financeiro é a média entre as crenças positivas e negativas que temos sobre o dinheiro. Quanto mais crenças positivas, maior nosso termostato. Quanto mais crenças negativas temos, menor ele é. E a ideia de crenças negativas é simples: dizer que dinheiro é sujo, não traz felicidade, não nasce em árvore, ou que mais vale um pássaro na mão do que dois voando... Questões relacionadas à segurança e ao dinheiro interferem no termostato.

Já as crenças positivas são aquelas que nos ajudam: quem trabalha demais não tem tempo para ganhar dinheiro. O dinheiro compra aquilo que você precisa e lhe traz mais alternativas para ser feliz. Quando você não tem preocupações financeiras, é muito mais feliz.

O termostato financeiro funciona como o de um ar-condicionado: você regula conforme deseja e o ambiente se ajusta àquela temperatura – afinal de contas, não importa se você ganhou mais ou teve um revés financeiro: a sua vida sempre volta para o patamar definido pelo termostato.

É preciso compreender também que existem dois tipos de mentalidade no mundo em que vivemos quando o assunto é nossa vida financeira. Esses dois tipos influenciam demais nesse termostato: as pessoas que buscam remuneração por resultado e aquelas que preferem ser remuneradas pelo tempo que despendem. Nós já falamos brevemente sobre isso alguns capítulos atrás, mas é sempre um ponto importante a retomar.

Parte desse problema vem da nossa cultura: somos ensinados,

desde pequenos, que devemos buscar a estabilidade financeira – e isso significa um emprego que nos pague sempre a mesma quantia, pela mesma carga de hora trabalhada. E, desde que você sinta que está ganhando o que merece, esse caminho não é ruim.

Mas será que você realmente está ganhando o que merece? Mais importante: será que todo esse tempo realmente vale a pena? Infelizmente a maior parte das pessoas está despendendo muito tempo e recebendo pouco em troca.

Quem se acostuma com uma mentalidade pobre acaba se agarrando a uma falsa sensação de segurança, sabendo que receberá uma quantia exata de dinheiro em um dia específico do mês. A segurança, porém, tem um preço mais amargo: a distância da plenitude financeira. Essa segurança toda, na verdade, baseia-se no medo de perder o mínimo.

Já as pessoas ricas e plenas buscam remuneração através do resultado daquilo que é produzido – se não completamente, em parte. Elas abrem o próprio negócio e ganham dinheiro a partir do lucro dele – seja uma comissão, seja um percentual da receita total. E raramente essa recompensa vem com uma garantia: essa conta se resume, na verdade, em um equilíbrio com os próprios riscos – e é nesse momento que essa pessoa passa a acreditar mais em si própria e na sua capacidade de prosperar.

Você nunca deve estabelecer um teto para seus rendimentos. Quando opta por ser remunerado pelo tempo despendido, mata as chances de prosperidade financeira. Afinal, seu tempo é limitado. É por isso que advogados, contadores, consultores e outros profissionais que cobram apenas por hora trabalhada só conseguem, na melhor das hipóteses, rendimentos moderados.

Existe uma resistência muito natural em relação a essa ideia, já que fomos acostumados a pensar da maneira contrária. Como já dissemos, tem a ver com cultura – e geralmente nossos pais só se tranquilizam quando encontramos o que muita gente gosta de chamar de "emprego de verdade". A verdade, no caso, é que você jamais prosperará trabalhando para outra pessoa em troca de um salário. Se é para ter um emprego, que ele o remunere em troca de porcentagem. Escolha entre abrir o seu próprio negócio, trabalhar por comissão ou receber uma porcentagem da receita, dos lucros ou das ações da empresa. Qualquer que seja a sua decisão, assegure-se de criar uma situação que lhe permita ganhar com base nos seus resultados.

Na minha opinião, a maioria das pessoas deveria buscar, mesmo que parcialmente, dedicando apenas algumas horas por dia, um negócio próprio. Esta é, sem sombra de dúvidas, a melhor maneira de ter um estilo de vida mais saudável e financeiramente frutífero. É assim que você terá uma mente milionária – e, a partir disso, será só questão de tempo para transformar a mentalidade em realidade.

Quando o dinheiro trabalha para você

Assim como existem duas mentalidades para o trabalho, existem duas mentalidades para o dinheiro – e, mais uma vez, elas são excludentes: ou as pessoas colocam o dinheiro para trabalhar em função delas ou elas trabalham pelo dinheiro.

Outro fator se repete aqui: a cultura. E, por motivos culturais, nós fomos criados acreditando que a única maneira correta (e até mesmo nobre) de prosperar é dar duro pelo dinheiro.

Nós já sabemos que isso raramente dá certo, e a resposta está nos números: existem centenas de milhões de pessoas que saem de casa pela manhã, todos os dias, e suam (literalmente) pelo salário. Mas elas não são ricas.

Por outro lado, você vê ricos viajando o mundo inteiro e curtindo a vida durante o dia.

A ideia da necessidade de trabalhar duro durante toda a vida para enriquecer e só depois curtir o resultado é bobagem. Saber dar um destino apropriado para aquilo que você acumula, porém, é o truque de fato. De uma maneira mais simples, estou querendo que você trabalhe de uma forma inteligente. Pessoas ricas compreenderam isso – e colocam outras pessoas e o próprio dinheiro para fazer a mágica.

E não me entenda errado: até os ricos precisaram trabalhar muito para enriquecer – mas eles perceberam que essa situação seria temporária. Os ricos entendem que é necessário suar a camisa somente até que o seu dinheiro comece a trabalhar duro o bastante para ocupar o seu lugar. Eles acreditam que, quanto mais o dinheiro trabalha, menos trabalho será necessário. Dinheiro é energia – e a maior parte das pessoas se esquece disso. Quem alcança a liberdade financeira aprende a substituir a energia do trabalho pelos resultados atingidos.

No jogo da vida financeira, é preciso saber a sua meta – onde você quer jogar, o que significa "vencer". E o objetivo certo deve ser nunca ter de trabalhar de novo – e, se o fizer, que seja por hobby e desejo, e não necessidade.

A liberdade financeira é a capacidade de viver o estilo de vida que você deseja sem ter de trabalhar nem depender do dinheiro de alguém. Assim, você precisará ter foco.

Não existem muitos segredos: a maneira mais simples de vencer é conseguir rendimentos passivos que banquem seu estilo de vida – e existem duas fontes primárias desses investimentos: o dinheiro que trabalha para você (ganhos de investimentos com ações, mercado financeiro, fundos de investimento, hipotecas etc.) e o negócio que trabalha para você (aluguéis, royalties, licenciamento, franqueamento etc.). É uma questão de energia.

Se você abrir um negócio, o ideal é que ele funcione sem obrigá-lo a estar sempre presente – e que também produza valor para as pessoas. No entanto, como já falamos, fomos ensinados de uma maneira errada. Basta lembrar da sua juventude – e daquele momento em que seus pais o mandaram arrumar um emprego em vez de procurar por um rendimento passivo. Parece piada, mas é sério: fomos condicionados a acreditar que apenas o salário é justo. Será que, se tivesse aprendido desde pequeno que uma meta financeira básica na vida é criar fontes de rendimento passivo, você não teria reconsiderado algumas opções profissionais?

O termostato financeiro funciona como o de um ar-condicionado: você regula conforme deseja e o ambiente se ajusta àquela temperatura.

Na minha opinião, a maioria das pessoas deveria buscar, mesmo que parcialmente, dedicando apenas algumas horas por dia, um negócio próprio. Esta é, sem sombra de dúvidas, a melhor maneira de ter um estilo de vida mais saudável e financeiramente frutífero.

Quem pensa pequeno opta pelo agora. As pessoas ricas preferem o equilíbrio. Pessoas com mentalidade pobre adquirem coisas cujo valor diminuirá com o tempo.

Ricos consideram cada real em seus bolsos uma semente que pode render outros cem reais – que se transformarão em mil, e assim por diante. O segredo é aprender, estudar, pesquisar e manter o foco.

Escassez *versus* abundância

Acredito que resultados diferentes existirão na sua vida, a depender da maneira como você a encara.

Se você considera que vivemos em um mundo abundante, nossos resultados serão assim. Se pensa que o mundo é escasso, vai ter medo de tudo o que fizer – e irá gerar escassez.

Quando acreditamos que recursos são infinitos, que podemos ajudar pessoas e que geraremos resultado com isso, alcançamos coisas infinitas. Quando temos um *mindset* de abundância, acreditamos que ganhar dinheiro vem com a entrega de valor para as pessoas. Não é porque você está ganhando que outra pessoa precisa perder. Não é assim que funciona. Quando você tem um *mindset* de abundância, acredita que, quanto mais todo mundo ganhar, melhor fica.

Em momentos de crise, pessoas com o *mindset* de escassez preocupam-se com a falta de circulação de dinheiro e outros problemas. Mas pare para pensar: temos um número imenso de pessoas ativas financeiramente no país, e um número de desempregados que não supera a quantidade de pessoas com um emprego. Por que preocupar-se com o lado ruim se você pode pensar em gerar o melhor serviço e resultado para quem já está na ativa?

Não fique focado na crise nem nas dificuldades: pense no resultado, no crescimento e na abundância.

Seu foco também deve permitir sonhar mais alto. Enquanto muita gente prefere acreditar que precisa fazer escolhas, aqueles que prosperam sabem que podem ter tudo. Abundância é infinito. Escassez é limite. E ainda que estejamos todos na mesma sociedade, as perspectivas mudam e definem quem somos e aquilo que iremos atingir. Não deixe que uma crença negativa como a ideia de que "não se pode ter tudo" acabe com seus sonhos. Quem carrega uma mentalidade pobre acredita que precisa escolher entre a riqueza e outros aspectos da vida, e isso leva a crer que o dinheiro não é importante – e, como já falamos no decorrer do livro, essa ideia é absurda.

É preciso combater a ideia de que o dinheiro e a felicidade se excluem. Acreditar que você pode ser rico ou pode ser feliz é uma clara prova de mentalidade de escassez – que pode e deve mudar. Assim como você precisa de seus braços e suas pernas, precisa de dinheiro e de felicidade. Essas ideias caminham juntas.

Pensar em escolhas fomenta a ilusão de que, para alcançar sucesso, alguém precisa fracassar.

Você quer uma carreira de sucesso e tempo para ficar com sua família? Não é preciso escolher. É possível ter as duas coisas – e você é capaz de chegar lá. Quem vence compreende que basta ter criatividade e disciplina para encontrar o melhor dos dois universos – e, a partir de agora, dou uma sugestão: sempre que se deparar com uma encruzilhada de decisões, tente imaginar o método para ter as duas coisas. Isso o livrará da mentalidade de escassez e o jogará num universo de abundância imensuravelmente satisfatório.

Quadrante da riqueza

Para conseguir pensar verdadeiramente diferente, é preciso fazer um exercício relacionado aos quadrantes da riqueza, criado pelo autor do livro *Pai rico, pai pobre*, Robert Kiyosaki. Essa é a ideia geral sobre como o mercado funciona. Primeiro, imagine um quadrado dividido em quatro partes. No lado esquerdo, empregados e autônomos. No lado direito, donos de empresa e investidores.

Se você pretende ser um milionário – ou alguém com uma boa independência financeira, que possa aposentar-se cedo e curtir a vida por muito mais tempo –, é preciso dedicar-se a permanecer no lado direito do quadrante – que representa apenas 20% das pessoas ativas, ou menos.

Se você busca mais segurança, não correr riscos, atuar de maneira mais concisa durante toda a vida – e trabalhar para sempre –, permanecerá no lado esquerdo – 80% das pessoas ativas, ou mais.

No entanto, para entender onde você está exatamente, é preciso fazer algumas perguntas. A primeira delas é simples: Onde a sua renda principal é gerada? As opções são muitas: um salário o coloca na categoria de um empregado. Uma comissão (hora, consulta, serviço prestado) o posiciona no quadrante de autônomos. Você recebe dividendos de empresas ou pelo trabalho de outras pessoas? É dono de empresas. Seu dinheiro trabalha para você? Seu quadrante é o de um investidor.

O empregado

A grande maioria das pessoas vive aqui – e, a não ser que tomem as rédeas da própria vida, permanecerão nesse quadrante para sempre. Esse é o tipo mais comum de todos: pessoas que gostam de segurança, que geralmente se aterrorizam com a simples ideia de não receber a mesma quantia todo mês. Geralmente, o perfil do empregado é o de alguém que não consegue lidar com papéis de liderança e comando – eles se sentem mais confortáveis apenas obedecendo a ordens de superiores.

O empregado também vê os benefícios que recebe em seu emprego como um lado positivo – por exemplo, o plano de saúde, as horas extras trabalhadas e feriados para descansar (ainda que fique cheio de mau humor quando esses dias chegam ao fim).

O autônomo

Pessoas autônomas, diferente dos empregados, gostam de independência – não gostam de receber ordens – ou acreditam que, se um trabalho precisa ser bem feito, deve ser realizado por ele.

Eles trabalham por conta própria, assumindo mais riscos, e acreditam que têm o melhor produto (ou serviço) e são pagos por meio de comissões ou trabalho prestado.

O dono

Essa pessoa nasceu para liderar. Para comandar. Elas carregam o legado de criar (e gerenciar) grandes organizações, muitas vezes responsáveis por centenas (ou até milhares) de empregos. Diferentemente de alguém que só deseja ter segurança, receber um salário ou desenvolver um serviço próprio, em geral o dono de uma empresa também tem uma missão de vida – algo que lhe dê um norte, um caminho a seguir.

Uma das coisas que o dono mais valoriza é uma equipe eficiente, que desempenhe um bom trabalho e fique acima de suas expectativas. Assim, não se contenta até ter os melhores funcionários trabalhando para ele. Também acredita que tem o melhor produto e, no fim das contas, pode deixar de trabalhar e continuar recebendo.

O investidor

Missão de vida? Salário? Serviço? O investidor passa longe disso. Seu verdadeiro interesse está no que seu dinheiro pode fazer por si próprio. Para que trabalhar, no fim das contas, se investimentos podem render lucros?

Seu "trabalho", na verdade, é enxergar bons negócios para investir – e deixar que a mágica aconteça. Ele vive de seu próprio patrimônio, que se multiplica conforme seus próprios investimentos, e valoriza a independência financeira acima de tudo.

Robert Kiyosaki tem uma frase ótima sobre esses quatro tipos de pessoas – no quadrante que é de sua criação: "Diferentes pessoas, diferentes mentalidades, diferentes quadrantes, diferentes valores". E o que isso significa? Que você precisa mudar seu *mindset* antes de trocar de quadrante.

Eu ainda estou trilhando essa caminhada. Hoje tenho negócios em vários quadrantes, e você perceberá que pode não pertencer a apenas um deles.

Uma questão interessantíssima em relação aos quadrantes é que seus lados fazem muita diferença. Como você pode perceber, nós os dividimos em quatro – então temos os lados esquerdo, direito, superior e inferior. E é hora de entendê-los.

Empregados	***Empresários***
Autônomos	***Investidores***

Lado esquerdo

Temos, aqui, os empregados e autônomos. Eles trabalham por dinheiro – este é o resultado final, e é obtido por meio do acordo feito com patrões (empregado) ou com os tomadores dos serviços prestados (autônomo). Seus investimentos não são em ativos, e sim em passivos – coisas que vão trazer gastos.

Quem está exclusivamente no lado esquerdo vive em um ciclo vicioso, em que se corre, corre, corre e não se chega a lugar algum – como um rato correndo em uma gaiola. Nesse ritmo de vida, é impossível planejar o futuro – e, assim, fica difícil fugir do ciclo. Por fim, eles sempre terão um patrão – seja o contratante do empregado, sejam os clientes que requerem os serviços do autônomo.

Quem está aqui odeia correr riscos e, desse modo, dificilmente perde dinheiro – mas a quantia recebida também não muda. Quando algo de errado acontece, eles se consideram as vítimas – e geralmente a culpa é do "sistema". O medo de fracassar é o perfume dos moradores desse lado, que sempre os circunda e inebria – além de paralisá-los na hora de buscar algum tipo de mudança. A vida, então, fica baseada apenas nas aparências – muita gente aqui não é feliz, mas precisa parecer feliz.

Lado direito

Com uma vida muito mais próspera e tranquila, os habitantes do lado direito não trabalham diretamente para ter lucros: o dinheiro faz esse processo. Seus investimentos são em ativos – bens que irão gerar lucros.

O tempo não é o chefe, e sim o subordinado: já que eles não precisam trabalhar para viver e ser felizes, podem utilizá-lo da maneira que acharem melhor. Quem tem esse estilo de vida também aproveita o tempo para planejar o futuro – assim as chances de ser pego de surpresa por um infortúnio diminuem drasticamente. Por fim, eles são os próprios patrões – e, desse modo, respondem apenas a eles mesmos.

Se você conhece alguém que vive no *mindset* do lado direito, sabe que essa pessoa provavelmente já perdeu muito dinheiro – mas que isso foi um risco calculado, assumido com a certeza de que mais dinheiro ainda poderia entrar depois. Essa é uma das diferenças: eles sabem correr riscos e, quando algo dá errado, assumem a responsabilidade e aprendem com os erros – até porque, quando dá certo, também assumem as glórias.

Depois de entender um pouco melhor sobre cada quadrante, é preciso se fazer algumas perguntas para compreender em qual (ou quais) quadrante(s) você realmente deseja estar.

Quer receber ordens e ter segurança? Seja empregado.
Quer fazer as coisas do seu jeito? Seja autônomo.
Quer seguir sua missão? Seja dono.
Quer viver de renda? Seja investidor.

Você pode, sim, mudar de quadrante, e é simples – mas não é fácil. Mudar de quadrante não inclui apenas o *mindset*, mas comportar-se como a pessoa que você quer ser. Criar hábitos. Mudar seu comportamento. E como tudo isso exige tempo, você precisará ser imensamente paciente e focado (além de, é claro, estudar demais).

Nas palavras do próprio Kiyosaki: "Mudar de quadrante é mudar de valores essenciais, e mudar de valores sempre leva tempo".

Quem pensa pequeno
opta pelo agora.
As pessoas ricas
preferem o equilíbrio.

Capítulo 8
Competência financeira – Aprenda a ser multiplicador

Tipos de renda

Conforme você avançou por este livro, entendeu que sua vida pode ser muito melhor do que ela é agora. Passo a passo, página a página, familiarizou-se com conceitos, ideias, filosofias e está cada vez mais perto de colocar a mão na massa e alcançar seus sonhos.

Neste capítulo, falaremos sobre maneiras de desenhar linhas mais reais para atingir seus objetivos – mas, antes, iremos falar sobre os três diferentes tipos de renda que existem: as rendas ativa, passiva e extra.

A **renda ativa** é uma troca direta que depende invariavelmente do seu próprio esforço. Ela surge com salários, comissões, honorários e alguns direitos trabalhistas.

A **renda passiva** é aquela que tem início com o seu próprio esforço, mas a partir de certo ponto passa a perpetuar-se quase sozinha, gerando mais e mais rendimentos para você.

A **renda extra** é tudo o que você ganha por fora de sua atividade principal.

E o objetivo é simples: transformar suas rendas ativas e extras em passivas – colocar o dinheiro para trabalhar por você e gerar mais rendimento. Mas agora é hora de entender outro conceito: o da bola de neve.

A bola de neve

A forma mais segura de obter qualidade de vida é empreender, segundo Robert Kiyosaki. Apenas como empreendedor é possível ter controle de todo o processo. Vamos começar este capítulo, então, com a técnica da bola de neve – o caminho para multiplicar seus bens e empreender com qualidade.

No entanto, é claro que eu não introduziria essa técnica sem, antes, explicar os porquês – afinal de contas, você não pode contar apenas com a minha palavra: precisa de argumentos.

Os benefícios

Em primeiro lugar, o óbvio: alcançar sua independência financeira. Se você sabe aonde quer chegar e como faz para chegar lá, o caminho fica muito mais fácil. Basta pensar em uma viagem de carro: se você já descobriu o destino final e qual é a melhor estrada para dirigir, é meio caminho andado.

Você lembra de um conceito matemático muito ensinado no colégio chamado progressão geométrica? Se seu professor de matemática tivesse explicado por que você precisa aprender isso, com certeza se lembraria muito bem. Vamos lá: pense que, quanto mais tempo se passa, maior é a curva de crescimento obtida, tornando-se gradualmente exponencial. A partir do momento em que a técnica é aplicada, a progressão geométrica começa a funcionar na sua própria vida.

É possível, também, otimizar seus resultados e obter ainda mais sucesso, construindo ativos ao longo da sua jornada.

A bola de neve, então, não é nada mais do que a ideia de começar com pouco, crescer continuamente, reinvestir o seu ganho (somado ao valor inicial) e seguir caminhando. É por isso que, nessa técnica, o progresso importa mais do que a perfeição – não importa o que aconteça, você deve seguir em frente.

Imagine que seu investimento inicial seja de cem reais. Ao investir esse valor, você pode chegar a uma bola de neve com o dobro do tamanho: duzentos. A partir daí, a progressão toma conta, seus ganhos viram trezentos reais – e você continua seguindo em frente.

A maior parte das pessoas vai por outro caminho na hora de investir: seguindo o mesmo exemplo que você acabou de encontrar. Ao obter os primeiros duzentos reais, o investidor queima esse dinheiro – e precisa reinvestir mais cem reais do próprio bolso, afastando-se de um lucro ainda maior que poderia ser obtido com a progressão geométrica.

Existe uma maneira muito fácil de entender o caminho mais apropriado para seus investimentos, que se divide em seis passos.

1º Definir quanto você quer ter de retirada mensal. Assim, você não irá se "empolgar" e tirar mais do que o necessário, sem perder sua bola de neve.

2º Definir com quanto você pode começar investindo. Assim, você terá certeza de que não está colocando mais dinheiro do que pode – evitando uma eventual crise financeira pessoal.

3º Definir se você fará aplicações mensais. Entenda qual é a sua situação financeira e faça um plano que diga respeito às suas necessidades e possibilidades.

4º Definir uma meta mensal do retorno de investimento que você receberá.

5º Não realizar investimentos menores do que os realizados em meses anteriores, para alimentar melhor sua bola de neve.

6º Descobrir a data de início das retiradas, para ter um cronograma exato do que acontecerá com seus investimentos.

Disponibilizarei para download um arquivo com uma tabela que o ajudará a entender melhor todos esses passos, e como se planejar. Acesse: jornada.freesider.com.br/downloads.

Assim, você constrói a sua bola de neve voltada para a prosperidade, consciente de cada etapa no aumento de seus ganhos e investimentos sem ficar estagnado.

O objetivo é simples: transformar suas rendas ativas e extras em passivas – colocar o dinheiro para trabalhar por você e gerar mais rendimento.

Finanças pessoais – 9 truques para melhorar suas finanças sem sofrimento

Existe muita literatura e muitos conselhos sobre como resolver um problema desolador: o descontrole de nossas finanças. Depois de ter passado por diversos desafios, lido muito sobre o tema e evoluído nesse universo, acredito ter encontrado nove truques fundamentais para que a vida financeira transforme-se em algo mais leve e agradável.

1. Compre tudo à vista

Se você não tem dinheiro para comprar algo de uma vez, significa que não é hora de ter aquilo. Parcelar uma compra significa que alguma coisa está fora do lugar. Eu só parcelo algo se tiver um investimento com aquele valor – e se o desconto não for superior ao meu rendimento.

Um exemplo: digamos que vou comprar algo à vista e receberei um desconto de 10%, mas meu dinheiro investido traz um lucro de 5%. Nesse caso, vale a pena realizar a compra à vista. Se o dinheiro me traz 10% de rendimento, mas não há desconto na compra, eu parcelo.

Você quer algo? Pergunte-se: Como posso comprar isso? Seja racional e esteja vigilante para não gastar além da conta. Aprenda a dizer não para você e para os outros. Lembre-se de que o *não* nunca é definitivo, mas temporário enquanto você encontra uma forma de gerar esse dinheiro necessário para realizar o seu desejo.

2. Pague primeiro você

Sabe por que as pessoas não realizam investimentos, criam uma poupança e chegam ao final da vida sem dinheiro? Um simples motivo: elas pagam tudo o que precisam, menos a si próprias.

Não é por falta de tentativa: é comum que alguém se proponha a guardar 10% do salário, mas, quando o dinheiro cai na conta, realizam pagamentos externos e não conseguem se pagar.

Defina um valor mensal para poupar. E se você achar que 10% é muito, este é um mau sinal: você está vivendo com um parâmetro acima do que pode suportar. Poupe agora, antes de ser forçado a poupar depois, em condições difíceis.

Se você ganha R$ 2 mil por mês, separe R$ 200 para investimentos. Pague primeiro a você e depois os outros. Leve isso a sério. Quando você não tem dinheiro para pagar uma conta, existem duas opções: ou você encontra uma maneira de arrumá-lo ou reduz suas contas. Eu gosto mais da primeira opção: encontrar uma maneira de ganhar mais.

3. Transforme o preço em horas

Digamos que você deseja comprar um celular de última geração. Sabe o que deve fazer? Descobrir o valor do celular e convertê-lo em horas de trabalho. Assim, você descobre quanto tempo precisará trabalhar para comprá-lo. Dessa forma você chegará a uma pergunta muito importante: Será que vale mesmo a pena?

Geralmente não vale, mas só percebemos isso quando o nosso suor entra na matemática – parte do segredo, aqui, é sair do modo automático de vida e assumir o controle, olhar pelo retrovisor, ajustar o câmbio. Ou seja, perceber cada ato que você está realizando.

4. Decida depois

Não compre por impulso. Diante de uma possibilidade, analise meticulosamente cada passo da sua possível decisão. Evite frequentar locais com promoções – a palavra gera uma falsa sensação de necessidade. Pergunte-se: Você realmente precisa disso agora ou pode comprar depois? Passe uma noite pensando nisso. Durma. Descanse com esse pensamento.

Na maioria das vezes, ao acordar, percebemos que sequer precisamos daquilo. Faça isso e veja seu dinheiro render mais. Evite que amigos ou até mesmo vendedores tentem influenciar sua decisão – é a sua vida, é a sua escolha e é o seu dinheiro.

5. Anote as despesas

Gerencie os seus gastos. Peter Drucker, austríaco pai da administração moderna, tem uma frase brilhante sobre isso: "Se você não pode medir, não pode gerenciar". Se você não sabe o quanto está gastando, não pode melhorar suas contas.

Tive o prazer de assistir a uma palestra do consultor financeiro e também escritor Gustavo Cerbasi, que foi muito frutífera para mim. Foi, inclusive, um de seus livros que me ajudou a alterar o *mindset*. Nessa palestra, ele disse algo muito interessante: "Quando falo para vocês anotarem as coisas, não é para cortar o cafezinho ou aquilo que te dá prazer. Fazer isso é pedir para desistir de continuar esse processo, já que a vida perde as pequenas coisas boas".

Evite cortar as pequenas coisas que fazem a diferença, pois estará se autossabotando. Corte gastos grandes e desnecessários. Cortar a TV a cabo que você não assiste, reduzir o plano de celular, calcular a energia elétrica excessiva gasta em casa, dentre outras coisas que podem ser adaptadas e adequadas.

Ainda assim, acredito que mais importante que cortar gastos é aprender a gerar mais dinheiro. Quando seu foco está na criação, a prosperidade chega muito mais rápido.

6. Separe seu dinheiro em potes

Certa vez percebi que em determinado ano eu havia faturado muito, mas não tinha dinheiro para pagar as contas. Foi aí que me dei conta de que o dinheiro disponível me fazia tomar decisões ruins e realizar compras desnecessárias. Nesse momento, passei a tratar de forma diferente as entradas de minha empresa: eu as separei em potes. Determinei uma quantia específica para o pote de investimentos em educação, equipe, maquinário e conteúdo. Separei potes para tomar decisões mais acertadas.

Quando o dinheiro da educação acabou e eu desejava fazer outro curso, busquei outra maneira de financiá-lo: em vez de usar o dinheiro alocado para outra coisa, gerei dinheiro para realizar minha vontade.

Faça isso com sua vida: crie potes para sua aposentadoria, lazer, estudos, desejos, custos fixos e o que mais desejar. É assim que você sentirá menos culpa de gastar – e gastará de forma mais consciente.

Uma coisa que aprendi com o Roberto Navarro, meu coach financeiro, foi criar dinheiro sempre que tenho um desejo de compra.

Ou seja, buscar formas de conseguir aquele dinheiro sem mexer no montante que já tenho. Isso me força a sair da caixa, testar novas oportunidades e ganhar mais.

7. Procure ganhar mais e não gastar menos

A maioria das pessoas, ao fazer um investimento em finanças pessoais, foca em gastar menos. No entanto, a ideia mais acertada é procurar ganhar mais. É mais fácil conseguir trezentos reais de renda extra do que gastar menos trezentos reais da sua renda.

Digamos que você ganhe R$ 2 mil e precise de mais R$ 300 na sua vida. É mais fácil vender perfumes, bijuterias e salgados no trabalho e conquistar a renda ou cortar uma série de coisas de que você gosta para chegar ao valor?

A renda extra gera mais resultados.

8. Entenda a diferença entre pessoa física e pessoa jurídica

Você e sua empresa não são a mesma pessoa. Você não é a sua empresa e ela não é você. Tenha caixas e cartões separados – isso vai fazer toda a diferença. Não importa se você trabalha de forma informal, usando seu próprio CPF e não tenha um CNPJ: separe o dinheiro para investir em seu negócio e o dinheiro que irá gerir sua vida pessoal.

Uma série de empresas quebra quando as pessoas não seguem esse conselho. O motivo é simples: um negócio precisa de saúde financeira assim como você. Eu mesmo tive esse problema quando abri um negócio muito tempo atrás.

Evite fazer retiradas da sua empresa, permitindo que ela ande com as próprias pernas. Só faça retiradas quando encontrar lucro suficiente para isso. Mantenha-a saudável – não é porque você faturou R$ 100 mil, que irá tirar R$ 50 mil. Reinvista. Acredito que o máximo de lucro que pode ser retirado de uma empresa é 30%. O resto deve ser reinvestido. Use a planilha da bola de neve para sua empresa também.

9. Invista em educação financeira

A melhor pessoa para gerir o seu dinheiro é você mesmo. Mais ninguém. As decisões são única e exclusivamente suas. Alguns livros que recomendo para entender mais sobre o assunto são: *Pai rico, pai pobre* (Robert Kiyosaki), *Os segredos da mente milionária* (T. Harv Eker), *Casais inteligentes enriquecem juntos* (Gustavo Cerbasi), *Quem pensa enriquece* (Napoleon Hill) e *Quebrando mitos com o dinheiro* (Roberto Navarro).

Incorpore esses nove truques na sua rotina e você verá, dia após dia, como sua vida se tornará mais frutífera – e seus investimentos trarão mais resultados.

Capítulo 9

Competência produtiva – Como dominar seus padrões comportamentais

Você já deve ter experimentado a sensação de estar repetindo erros comuns, diversas vezes, como se estivesse andando em círculos, certo? Dedicando tempo e energia a questões que fogem do seu controle em vez de ter foco naquilo que pode esforçar-se para mudar e conquistar.

Neste capítulo você irá compreender o que o puxa para trás – e mais importante ainda: como desenvolver cada uma de suas competências produtivas, alterando os comportamentos nocivos que o seguram para conseguir o máximo de evolução e progresso que você pode imaginar.

Tudo, é claro, com muita calma. Porque esse tipo de autossabotagem é algo muito normal. O tempo, no fim das contas, é um conceito muito discutido – e os gregos antigos o dividiam em duas partes: *khrónos*, o tempo do relógio, que podemos medir, e *kairós*, o tempo qualitativo, que realmente aproveitamos no momento.

É muito importante compreender as diferenças entre pessoas essencialistas e não essencialistas – e a importância de aplicar certos conceitos em sua vida. De antemão, um aviso: essencialistas se preocupam muito mais com *kairós* do que com *khrónos*. O motivo? Saber aquilo que realmente interessa – não ontem, não amanhã, mas hoje. Agora.

Para entender melhor essa ideia, vamos à origem do conceito, que surge com base em três pontos:

- **Começamos a ter opções demais de todos os lados.** Isso começou a fragilizar a nossa tomada de decisão e causou a fadiga decisória: estamos perdendo o discernimento do que é importante e do que não é. Tomamos tantas decisões e, por conta disso, fragilizamos o processo da própria tomada de decisão. Imagine, por exemplo, que toda manhã nós acordamos com um copo cheio d'água ao nosso lado – e que cada decisão que tomamos representa um gole desse copo. Se perdemos tempo e energia mental e intelectual com tomadas de decisões irrelevantes para nossos objetivos, desperdiçaremos goles preciosos que poderão nos fazer falta no decorrer de nossa jornada diária. Steve Jobs era tão autoconsciente disso que sempre usava a mesma roupa: camisa preta e calça jeans. Tudo para que, logo pela manhã, ao acordar, não precisasse pensar no vestuário. Era algo simples. Ele deixava a vaidade de lado para focar em seu espírito empreendedor. Não gostava de tomar decisões desnecessárias – e sabia que temos um coeficiente energético de tomada de decisão. Quanto mais decisões tomamos, mais a energia é reduzida, e quando chegamos a determinado momento, tomamos as decisões erradas. O excesso de opções nos faz escolher aquilo que não nos é essencial profissionalmente e até mesmo na vida pessoal. Quando "deixamos a vida nos levar", tomamos decisões que prejudicam a todos nós.

- **Pressão social.** Ela sempre existiu, desde o primeiro meio social que vivenciamos, a família, mas a tecnologia aproximou muito mais as opiniões alheias. Por meio das redes sociais, somos bombardeados por comentários alheios, o que gera uma confusão mental. É claro que viver em sociedade traz a necessidade primária de ouvirmos o outro – e estarmos abertos a ouvir o outro –, mas, quando todas as pessoas ao nosso redor podem opinar sobre qualquer assunto que diga respeito à nossa vida, é muito fácil entrar em confusão e não saber exatamente para onde ir. Se duas pessoas que você estima e respeita exibem julgamentos contrários, afinal de contas, quem está certo?

- **A falácia de que podemos ser tudo.** Existe uma mentalidade de que as pessoas têm a habilidade para fazer tudo, mas é raro encontrar alguém que se dedica exclusivamente a uma única coisa. Essa ideia fragiliza algumas estruturas e nos faz perder o senso de prioridade – e foi apenas no século 21 que começamos a usar essa palavra no plural.

Mas vamos falar da parte boa: a busca disciplinada por menos. É isso que sintetiza toda a filosofia do essencialismo.

O essencialismo veio para acabar com a cultura que acabei de descrever. Trata-se de fazer o mais sábio investimento do seu tempo e energia de forma a operar em seu maior ponto de contribuição, realizando apenas o que é essencial.

Para entender melhor esse ponto, sugiro que você pergunte a si mesmo quantas vezes respondeu "sim" para algumas perguntas sem pensar direito. Quantas vezes se arrependeu de ter se comprometido com algo sem entender por que aceitou a tarefa. Quantas vezes disse "sim" só para agradar alguém ou evitar problemas.

Eu já fiz isso muitas vezes durante a vida – e todos nós sabemos o que isso causa. Se você está se sentindo sobrecarregado, com excesso de trabalho, subutilizado, dedicando-se a atividades pouco importantes, pouco produtivas e com a sensação de estar sempre em movimento, mas sem chegar a lugar algum, precisa tornar-se um ser essencialista.

Pense que pessoas não essencialistas miram em todas as direções e conseguem avançar muito pouco em todas elas, enquanto os essencialistas têm um foco, um motivo, um objetivo, e, ao concentrarem toda a energia, inteligência, tomada de decisão e investimento naquilo, chegam mais longe do que jamais sonharam.

Ser multitarefa

Ser multitarefa é fazer várias coisas ao mesmo tempo, por exemplo: usar o WhatsApp, ler e-mails, cuidar dos filhos, ver TV e fazer um relatório. E este é um comportamento tão comum hoje, que é fácil ver traços disso em todas as nossas relações sociais – de um casamento até a nossa carreira, passando por tarefas cotidianas do dia a dia. Com a pressão que há no mercado de trabalho, por exemplo, é comum que as pessoas passem quase 24 horas no escritório realizando diversas tarefas ao mesmo tempo. E, por mais incompreensível que pareça – e diferente do que o bom senso indica –, comemoramos essa "habilidade"! Minha mãe é professora e me lembro dela corrigindo provas, passando roupas, assistindo a novelas, ouvindo o rádio e cozinhando. Tudo ao mesmo tempo.

É hora de descobrir se você é multitarefa – e ver como aproveitar isso ao seu favor.

Façamos dois testes. Na página seguinte há dois quadros com três colunas. Na primeira coluna, você irá escrever as letras do alfabeto, de A a H. Na segunda, irá preencher números, de um a oito. Na terceira, os mesmos números – porém escritos em algarismos romanos.

Isso significa que na primeira "linha" dessa folha você terá "A" na primeira coluna, "1" na segunda e "I" na terceira. Na segunda linha, logo abaixo, "B", "2" e "II", e assim por diante.

Contudo, há algo importante aqui: no primeiro quadro você precisa preencher de maneira alternada. Primeiro a letra do alfabeto, depois o número e na sequência o algarismo romano.

Cronometre o tempo que você demorou para realizar essa tarefa e, no segundo quadro, a repita – com um diferencial: preencha cada coluna inteiramente antes de seguir para a próxima: todas as letras, depois todos os números e, por fim, todos os algarismos romanos.

Letras	***Números***	***Algarismos romanos***

Letras	***Números***	***Algarismos romanos***

Provavelmente você demorou muito mais para preencher a primeira coluna, certo? A explicação é simples: nosso cérebro funciona por compartimentos, agrupando nossas atividades para que possamos executá-las. E não conseguimos armazenar duas informações completamente diferentes ao mesmo tempo. Para trocar o conjunto de informações, guardamos uma caixa e abrimos outra. No caso do teste, precisamos guardar a caixa das letras para lidar com a caixa dos números, e depois guardar a caixa dos números para que possamos lidar com os algarismos romanos.

Você deseja melhorar? Crescer? Evoluir? Existem alguns passos básicos para isso, vejamos:

- **Faça uma coisa por vez!** Não tente realizar mil tarefas ao mesmo tempo. Se você começa algo e para, seu dia não vai render. Comece e termine uma atividade. Existe o momento de ler e-mails, de fazer relatórios, de ler um livro. Desative notificações de aplicativos, porque isso é uma tentação na vida. Se você deixar as notificações, vai querer olhar. Se não sabe que chegou um e-mail, poderá realizar a atividade do momento em sua plenitude.

- **Trabalhe em ciclos Pomodoro.** Essa é uma teoria criada por Francesco Cirillo, no final da década de 1980, que se tornou um sucesso no que diz respeito à produtividade: 25 minutos de trabalho, 5 minutos de descanso. Repita isso quatro vezes. O descanso pode ser meditação, beber água, desligar-se do que está fazendo. Depois dessas duas horas, tire 30 minutos de recompensa para realizar aquilo que desejar. Você também pode trabalhar 50 minutos ininterruptos e descansar 10, fechando a uma hora. O tempo exato pode ser decidido por você, mas é muito importante ter a noção do descanso, da frequência de trabalho e da recompensa.

- **Se você não fizer sua própria agenda**, outras pessoas farão por você. As urgências dos outros são dos outros, não suas. Urgência é significado de falta de planejamento – e a maioria delas nem é tão urgente assim. As pessoas se acostumam a tratar a maior parte dos acontecimentos da vida como algo extremo, mas são exceções. Você já deve ter presenciado alguém – ou até você mesmo – completamente estressado e sem paciência por conta de um atraso de dez minutos, por exemplo. Mas coloque as coisas em perspectiva: esse atraso se refere a um compromisso simples, trivial ou a uma situação de vida ou morte? Colocar as situações que se apresentam na sua vida em perspectiva é uma das maneiras mais simples e práticas de entender quanto elas merecem de sua energia – e de sua saúde mental.

- **Muitas pessoas acham que desativar notificações** de e-mail pode gerar problemas com os outros, mas basta configurar uma resposta automática avisando que você responderá quando possível para que esse problema esteja solucionado – e deixe claro que, se for algo realmente urgente, o seu telefone está disponível para ligações.

Hábitos

No começo da década de 1900, 7% dos americanos usavam pasta de dente. A PepsoDent, empresa que fabricava o produto, teve uma ideia: adicionar componentes de sabor que não alteravam em nada a composição básica da pasta – mas, em dez anos, a taxa de utilização pulou para 65%. O segredo? Simples: criou o hábito de escovar os dentes nos americanos.

Um estudo descobriu que apenas 60% das decisões que tomamos são realmente nossas. Os outros 40% são hábitos[3]. Isso significa que quase metade daquilo que decidimos fazer é, na verdade, apenas nosso corpo funcionando no "piloto automático". É um jeito que o cérebro encontra de economizar energia e garantir nossa sobrevivência.

Mesmo tarefas complicadas que exigem nossa atenção, como dirigir, passam a ser realizadas de maneira automática depois que se transformam em hábitos, tornando-se mais simples. Entender como hábitos funcionam é algo determinante para mudar nossa vida.

Os hábitos se dividem em três partes distintas, mas interligadas, formando um ciclo conhecido como "Loop do hábito". São elas: deixa, rotina e recompensa.

A deixa é um gatilho que dispara um sinal no cérebro para começar uma atividade. Pode ser um local, um objeto, um sentimento, uma pessoa. Em seguida, vem a rotina: uma atividade que é sempre

---

3. DUHIGG, Charles. *O poder do hábito*. Rio de Janeiro: Objetiva, 2012.

realizada quando você se depara com a deixa. E, depois da rotina, a recompensa, uma espécie de prêmio ou sensação por ter realizado a tarefa. Quanto melhor ou mais prazerosa a recompensa, maior será o desejo de repetir a rotina, que fica presa na memória e reforça a ligação com a deixa e a recompensa. Em outras palavras, maiores serão as chances de o hábito se repetir.

Agora você deve estar se perguntando: e a pasta de dente?

O que a PepsoDent fez foi entender o loop do hábito e aplicar esse princípio ao produto. Naquela época, as pessoas não viam os dentes amarelados como algo ruim ou indesejável. Aliás, eles eram comuns. Foi aí que a empresa encontrou a deixa perfeita: além de reforçar que dentes brancos eram mais bonitos e higiênicos, eles adicionaram ingredientes químicos que não alteravam o produto, mas deixavam uma sensação refrescante e levemente ardida na boca. Essa recompensa ficou fortemente associada à limpeza e higiene, garantindo o sucesso da marca no mercado.

É por isso que, toda vez que você está com os dentes sujos, sente falta do frescor na boca – e pensa em escová-los.

Anos mais tarde, outro elemento foi adicionado para reforçar essa sensação: fazer o creme espumar na boca. Você consegue imaginar os dentes limpos se a pasta não fizer espuma? Ou se não houvesse a sensação refrescante?

Por esse motivo os ingredientes foram adicionados: reforçar o desejo pelo hábito. O mais importante de toda essa história é entender como os hábitos funcionam – seja para eliminar algo indesejável ou aderir aos benefícios.

Digamos que você queira buscar uma vida mais saudável, e

decide que irá caminhar todos os dias. Como acabamos de ver, o segredo é criar uma conexão forte entre a deixa e a recompensa. No caso da deixa, você poderia pensar em diversos fatores, como um horário específico, algum objeto e uma atividade antecessora que emita um sinal ao cérebro. Para criar o grande anseio em realizar a tarefa, é preciso associar a rotina à recompensa prazerosa que você terá ao terminar a caminhada, como a sensação de dever cumprido, o bem-estar, a dose de endorfina no corpo, as calorias queimadas ou quem sabe até mesmo um prêmio, como um pequeno chocolate ou marcar um X na data do calendário.

Quem quiser criar um hábito, não deve focar na rotina, e sim na conexão entre a deixa e a recompensa, associadas ao hábito.

A regra é a mesma para quem deseja mudar um hábito: você precisa de uma dose extra de disciplina e força de vontade, pois o desejo pela recompensa anterior ainda existirá. O grande segredo é continuar atendendo ao desejo. Mantenha as mesmas deixas e recompensas, mas substitua a rotina.

Vamos supor que você deseja parar de fumar. É óbvio que o anseio pelo cigarro não irá sumir! Você deve continuar atendendo ao desejo, mas de uma forma menos prejudicial. Ao sentir vontade de fumar, mude a rotina e encontre outras maneiras que lhe satisfaçam, deem prazer ou aliviem o estresse. Pastilhas de nicotina, algum alimento mais saudável ou atividade física são opções. O importante é fornecer a mesma recompensa, mas de outra maneira.

Outro fato muito interessante sobre hábitos é que alguns deles são capazes de desencadear uma sequência de mudanças positivas em nossa vida. Eles são conhecidos como hábitos angulares, e é por eles que muitas pessoas que começam a praticar atividades físicas com regularidade conquistam resultados positivos em outras áreas da vida. Elas começam a se alimentar melhor, mudam seus hábitos em relação ao sono, diminuem o álcool e o cigarro e mudam até seus comportamentos, tornando-se pessoas mais pacientes e dispostas. O hábito angular funciona porque fornece pequenas vitórias, mais fáceis de atingir e que nos fazem acreditar que conquistar a mudança em outras esferas da vida também é possível.

Essencialistas se preocupam muito mais com kairós *do que com* khrónos. *O motivo? Saber aquilo que realmente interessa – não ontem, não amanhã, mas hoje. Agora.*

Trabalhar menos = ganhar mais

Ter menos horas de trabalho significa que você ganhou mais na sua vida. Essa frase parece estranha, não é mesmo? Mas ela é muito verdadeira, e eu vou lhe explicar os porquês.

Por que você trabalha muito e ganha pouco? O que causou isso? O primeiro motivo é simples: seu padrão social. Como já falamos, é o padrão das pessoas. Somos treinados e educados a vida toda para trabalharmos muito – e as crenças que já estudamos são algumas das responsáveis por isso. Valorizamos o trabalho árduo em detrimento do trabalho inteligente.

Nós também realizamos uma busca cega por segurança. Uma vez que a desejamos, como uma certeza do que ganharemos todo mês, precisamos limitar os ganhos, já que vitórias crescentes são regadas de risco. Não é possível ter segurança e crescimento ao mesmo tempo.

A segurança é baseada na estabilidade – outro fator que nos limita os ganhos. A partir do momento em que buscamos segurança e estabilidade, miramos em riscos menores, tendo menos possibilidade de ganho.

Além desses três fatores, lidamos com o medo. O terror da fome, das dificuldades e de perder o padrão de vida nos leva a tomar decisões ruins, que privam sua qualidade de vida e fazem com que você tenha uma possibilidade de ganho aquém da sua capacidade.

É hora de abolir tudo isso da sua vida e abraçar sua autoestima. Você é capaz de gerar grandes resultados – muito maiores do que jamais imaginou. Basta estudar, ter o conhecimento, colocar o que aprendeu em prática e entender que, se você tiver foco nos detalhes e dedicação, irá chegar lá.

Chega de buscar segurança, estabilidade e chega de ter medo das dificuldades: isso só irá arrastá-lo para o fundo do poço. Se você está com medo, atrairá coisas ruins. Precisamos mudar o padrão mental em relação às coisas para conseguir atingir crescimento e não deixar que nossos temores nos impeçam de ir além.

Se você focar em desenvolver diariamente as suas quatro competências vistas aqui, nunca mais precisará ter medo na vida.

Você pode desejar ter "algo certo" no final do mês, mas sabe o que precisa acontecer para isso ser atingido? Alguém precisa arriscar e pagar seu salário – e essa pessoa está correndo um risco por você, e em troca você trabalha para essa pessoa.

Seu ganho é menor do que aquilo que você gera de resultados para a empresa. Se ele for maior, não existe motivo para a empresa mantê-lo como funcionário. A conta não fecha! É preciso gerar mais dinheiro para o seu empregador do que ele lhe paga. Portanto, a sua segurança é a mesma do empregador – se ele para de faturar, vai quebrar e você irá perder seu emprego. Essa segurança é ilusória, porque o empregador cobra de você uma taxa invisível, acumulando e fazendo um balanço de faturamento e lucros para que ele consiga ter resultados.

Muitas vezes, o que é tomado como certo se transforma em prejuízo, porque você limitou suas capacidades, ganhos e potencial.

Sabe por que grandes bilionários viram filantropos e abrem fundações? Depois de conquistar tanto, eles percebem o poder de fazer a diferença e impactar positivamente o seu entorno. Você precisa fazer a diferença. E limitar seu ganho só traz uma falsa sensação de segurança e o impede de ir além.

Da próxima vez que pensar que quer "algo certo", lembre-se de que gerar resultados para uma empresa significa que você também tem capacidade de gerar algo para si próprio! Confie na sua capacidade e faça acontecer.

Quando você é um empregado, está vendendo seu trabalho para um único cliente – seu patrão. Se esse cliente decide mandá-lo embora, cortando o contrato, você está na rua da amargura, já que precisará encontrar outro cliente.

Para mudar isso, trabalhe focado em resultados: ao fazer isso, buscando transformar a vida das pessoas e gerar mudanças significativas, você obterá ganhos muito maiores. E se você tem medo de não conseguir gerar resultados, por que seu patrão deveria confiar em você? Assim, tenha inúmeros clientes, e encontre pessoas que façam parte do seu círculo profissional. Quanto mais clientes uma empresa tem, mais valiosa ela se torna.

Não se esqueça, também, de construir ativos que irão trabalhar para você mesmo quando não for possível trabalhar. *Isso* é estabilidade e segurança: ter o dinheiro gerando resultados. Empreender, então, é uma das formas mais valiosas e seguras de ter sucesso na vida – e a segurança de verdade, em vez da falsa segurança do emprego e do salário.

Um emprego que paga por horas sempre será a pior opção, já que sua hora com certeza deixará, em algum momento, de ser valiosa. Ela se tornará cara demais. Ao aprender a encontrar clientes, você traz valor para sua empresa.

Tempo é a única coisa que não compramos de volta. Trabalhar 40 horas semanais totaliza 2.080 horas por ano. Somando uma hora por dia de deslocamento (2.340 horas anuais), 160 horas de férias e, somando o décimo terceiro salário, alguém que ganha 5 mil reais por mês, ou seja, 65 mil reais por ano, ganha 30 reais por hora de trabalho.

Ao dedicar três horas por dia no seu negócio de tempo parcial todos os dias do ano, trabalhará 1.095 horas. Sem horas de deslocamento nem férias ou décimo terceiro, ganhando o mesmo valor de 5 mil reais mensais, sua hora irá valer R$ 54,80, com 60 mil reais por ano. Você trabalhou menos, mas ganhou mais – considerando o valor da hora e seu ganho real, incluindo o lazer.

Dominar nossos comportamentos não é fácil – e isso é quase óbvio. Nós passamos a maior parte da vida aprendendo a agir de maneiras que nos fazem mais mal do que bem, que limitam nossas capacidades e nos acorrentam, aprisionados e distantes dos nossos sonhos e objetivos.

No entanto, é algo possível, como você pode perceber durante a leitura deste capítulo. Que suas competências produtivas possam desabrochar com todo o potencial que elas têm; que os comportamentos que lhe fazem bem possam se multiplicar, ao passo que os maléficos desapareçam dia após dia. O nosso trabalho ainda está longe de terminar, mas você pode comemorar: já chegou bem longe.

Por que você trabalha muito e ganha pouco? O que causou isso? O primeiro motivo é simples: seu padrão social.

Um emprego que paga por horas sempre será a pior opção, já que sua hora com certeza deixará, em algum momento, de ser valiosa.

Capítulo 10
Competência produtiva – Use seu tempo como um trampolim

Você acabou de compreender como o tempo é um princípio extremamente relativo em nossa vida – e como é possível desconstruir conceitos enraizados em nós desde a infância para que possamos atingir sucesso e prosperidade na vida.

No entanto, como você já deve ter percebido no final do último capítulo, a jornada ainda não terminou.

Uma vez compreendida a ideia da aplicação do tempo com qualidade, é preciso, também, manusear as horas de nosso dia com eficiência – e saber analisar minuciosamente a maneira mais prática de empreender nossos segundos, minutos, horas e dias.

É hora de ser mais produtivo.

Como aumentar a produtividade – Ciclos de trabalho

Estamos acostumados a receber ordens – e quando temos ordens para cumprir, não precisamos pensar muito, apenas cumprir o que é solicitado. A partir de agora, porém, você é seu próprio chefe, e se não focar em ser mais produtivo terá dificuldades para atingir o sucesso.

Gostaria de ensinar algumas dicas que uso no meu dia a dia para que sua produtividade fique afiada como uma espada, para além da divisão do tempo – que já foi ensinada por aqui.

Eu gosto de criar ciclos de trabalho para otimizar meus processos. No meu caso, faço a divisão em três etapas: o primeiro ciclo envolve estudo e atualização, e se baseia em assistir treinamentos de desenvolvimento pessoal e buscar novas estratégias. Como é o início do dia, ele serve para colocar meu cérebro para funcionar de verdade, indo para a segunda etapa: criação.

O segundo ciclo, então, se dá para realizar a gravação de aulas e conteúdos, o planejamento de apresentações e até mesmo trabalhar neste livro, que você tem em mãos agora.

Já o terceiro ciclo, bem específico em relação às minhas atividades, é de anúncios e otimização, e lida com uma parte mais estratégica e burocrática – já estou atento o suficiente e acostumado com o dia para seguir até essa parte.

Você pode adequar meus ciclos à sua vida de uma maneira simples: divida-os em dois ciclos. No primeiro, estude e busque maneiras de aperfeiçoar-se naquilo que você deseja prosperar. No segundo, já "esquentado", coloque a mão na massa e trabalhe!

Para atingirmos excelência é preciso seguir a liberdade.

Você pode ter quantos ciclos desejar, mas é importante atentar-se a eles para que a falta de ordens de um superior não atrapalhe o seu foco e seus resultados. Lembre-se: você é seu próprio chefe e seu sucesso (ou fracasso) está em suas mãos.

Quando os ciclos já estiverem bem divididos, é necessário atentar a um perigo rotineiro: as distrações. Não adianta ter seu dia bem dividido se você irá interromper as atividades a cada cinco minutos para checar as notificações do seu celular. Aplicativos de mensagens instantâneas e redes sociais são verdadeiras armadilhas para o sucesso – e um dos melhores conselhos que posso lhe dar é muito simples: busque ficar completamente off-line durante seus ciclos de trabalho.

Lembre-se da icônica frase de Paul J. Meyer, fundador da LMI, maior organização de desenvolvimento de líderes do mundo: "Produtividade nunca é um acidente. É sempre o resultado do comprometimento com a excelência, planejamento inteligente e esforço focado".

Para atingirmos a excelência é preciso seguir a liberdade. E para alcançar a liberdade, é preciso aplicar o Princípio de Pareto à sua vida.

Princípio de Pareto

O Princípio de Pareto é a primeira regra da liberdade – a primeira coisa que segui para alcançar mais resultados em minha vida. Vilfredo Pareto foi um economista italiano que percebeu algo incrível: 20% das pessoas, empresas e atitudes são responsáveis por 80% dos acontecimentos. Essa lei foi adaptada para uma série de outras possibilidades – e é algo assustadoramente correto.

Assim, 80% dos seus problemas são causados por 20% de seus clientes. Basta fazer uma análise do seu dia a dia e perceber que pequenas coisas geram a maior parte das suas dores de cabeça – e, ao abolir tais momentos da sua rotina, sua vida irá melhorar significantemente. Ao alimentar o que lhe dá resultado, seu tempo de trabalho vai diminuir. Lembre-se do que falamos em relação a trabalhar menos e ganhar mais: empenhar-se de maneira inteligente não é a mesma coisa que dedicar-se por muito tempo.

Você pode aplicar quatro conceitos simples para fazer o Princípio de Pareto funcionar no seu dia a dia:

- **simplifique seus processos;**
- **corte a gordura;**
- **reduza a chance de ter problemas;**
- **foque nos pontos fortes e torne-se excelente neles.**

Acha difícil colocar tudo em prática? Dividir o processo em fases pode ajudá-lo.

Fase 1: Diagnóstico

Levante todas as atividades de trabalho que realiza durante o dia e todos os resultados reais e esperados provenientes de cada uma delas, criando um verdadeiro relatório para entender como você funciona e quais atividades você desempenha até chegar a hora de dormir, observando qual resultado é obtido após cada uma de suas ações. Nessa análise, avalie quais dessas atividades são realmente importantes e o que não tem tanta importância. Assim, você poderá entender quais são as atividades que estão lhe trazendo mais resultado, e quais atrapalham seu sucesso.

Fase 2: Alimente os garanhões

Encontrou seu "pote de ouro"? Verifique as atividades que representam os 20% que mais lhe geram retorno, analise as ações mais importantes para prosperar, e aprofunde-se o máximo que puder nelas. Busque cursos, testes, intensifique verdadeiramente aquilo que lhe traz sucesso e analise cada um de seus passos. É nessa área que você irá, afinal de contas, prosperar e encontrar sua liberdade financeira, criativa e pessoal.

Fase 3: Elimine os pangarés

Ninguém gosta de ter problemas, mas eles existem e são inevitáveis. Uma vez que você encontrou todos os pontos que o atrasam e impedem a prosperidade, existem três alternativas para eliminá-los: você pode **reduzir a atenção**, **delegar as tarefas** ou **exterminá-los de vez**. Digo isso porque é claro que nem todo problema pode ser simplesmente abandonado – se a vida fosse assim, seria muito mais fácil. No entanto, isso não significa que você não pode usar outros caminhos para contorná-lo. Basta traçar uma estratégia, após entender as raízes do problema e como ele se apresenta, e colocar em prática a maneira mais eficiente e produtiva para tirá-lo da frente.

Fase 4: Acompanhamento

É preciso manter-se atento e vigilante, sempre. A vida é sua, não é mesmo? O volante está nas suas mãos e o caminho é definido pelos seus atos. Contudo, olhar pelo retrovisor é, também, entender o que virá pela frente. Assim, trabalhe com métricas para acompanhar seu sucesso e o caminho já percorrido, comparando resultados e corrigindo eventuais falhas de trajeto. Dessa maneira, você entenderá se as hipóteses que criou no passado foram validadas ou não. Perceba que, nesse caso, não há derrota: apenas a eventual necessidade de corrigir a sua rota.

Fase 5: Otimização

Ninguém nasce sabendo – e não é errando que se aprende, mas, sim, corrigindo os erros. Essas duas frases parecem clichês, mas eles existem porque são reais. Desse modo, é natural que você cometa eventuais tropeços – e é na fase da otimização que você poderá ajustá-los. Nunca deixe de fazer novas análises e entender onde é possível melhorar. Não tenha medo de reiniciar seus ciclos, ajustando-os para sua nova rotina, e lembre-se: tudo que é bom pode ficar excelente – mas não cometa excessos que possam sobrecarregá-lo. Essa jornada, no fim das contas, tem como maior propósito a sua felicidade – e ela jamais pode ser deixada de lado.

Não é só o Princípio de Pareto que nos ajuda a ir além e perseguir nossos objetivos. Por mais que a produtividade seja uma bênção, ela pode ser confundida com gastar todo o tempo disponível para desempenhar funções – o que pode se tornar mais danoso do que produtivo. E é aí que entra a Lei de Parkinson.

A sua disposição para fazer algo é inversamente proporcional ao tempo necessário para cumprir a tarefa.

Lei de Parkinson

O trabalho se expande de modo a preencher o tempo disponível para sua realização. Parece difícil, certo? Mas a Lei de Parkinson pode ser explicada de uma maneira bem simples: quanto mais tempo você tem, mais trabalho você encontra para fazer.

É muito importante entender esse conceito e perceber que quanto mais horas colocamos para trabalhar em nosso dia, mais iremos trabalhar – e menos tempo teremos para nossas coisas. Essa também é a "síndrome do estudante", o típico caso do aluno universitário que deixa os trabalhos acadêmicos para a última hora.

Essa lei foi criada em um artigo para a revista *The Economist* em 1955, pelo economista Cyril Northcote Parkinson, e é preciso entendê-la completamente para medir nossos resultados.

A sua disposição para fazer algo é inversamente proporcional ao tempo necessário para cumprir a tarefa. Se você tem algo urgente para fazer, terá uma disposição gigantesca para realizá-lo – e o inverso também se aplica: se um trabalho tem um prazo longo, você provavelmente deixará para a última hora.

É irônico, mas geralmente as coisas feitas com prazo curto são entregues com uma qualidade superior à daquelas realizadas com tempo de sobra. Sempre que você deixa um dia inteiro disponível para realizar uma atividade, é imensa a chance de que ela só seja realizada no último momento possível.

O que você deve fazer? Corrigir isso! Por isso, apresento alguns passos práticos que podem ajudar no processo:

- **Determine um tempo curto de trabalho diário**, para não perder um dia inteiro com atividades que podem ser realizadas num período muito menor do que você está acostumado.

- **Dê prioridade para questões alheias ao trabalho**, lembrando-se de que sua vida vai muito além de tarefas profissionais.

- **Defina suas atividades no dia anterior**, assim você irá acordar ciente do que precisa fazer.

- **Limite seu dia a no máximo três ações importantes**, conseguindo planejar-se para cumprir com excelência cada uma delas.

- **Conclua uma atividade antes de começar a próxima**, para que as duas sejam bem realizadas.

- **Elimine desperdiçadores e consumidores de tempo**, para que as distrações não o façam demorar muito mais do que o planejado para cumprir uma tarefa.

- **Estabeleça atividades secundárias no seu dia a dia, preferencialmente fora do seu local de trabalho**. Pode ser um esporte, uma prática musical, um encontro social, não importa: encontre algo que tornará sua rotina melhor e trate-o com a mesma importância que você dá ao trabalho.

Coloque suas atitudes em prática, trabalhe firme e com certeza atingirá os resultados que tanto procura.

Agora você já entendeu como abraçar a liberdade com o Princípio de Pareto – mas sem gastar todo seu tempo para isso, com o auxílio da Lei de Parkinson. Seus objetivos parecem claros, certo? Mas será que você sabe quais são os tipos de objetivo que você tem pela frente?

Objetivo Smart x Objetivo Forçado

Em 1981, o consultor George T. Doran publicou um artigo chamado "Há uma maneira S.M.A.R.T de escrever objetivos e desempenhar metas". Ali nasceu o objetivo smart: o método mais prático que conheço para definir realizações de forma clara, concisa e que dá movimentação para gerar resultados – e acredito que ele fará muita diferença na sua vida.

Em suma, ele é um objetivo eSpecífico, Mensurável, Alcançável, Relevante e Temporal, que precisa ser concreto, sem deixar dúvidas. Ele é a antítese dos objetivos forçados com que nos deparamos no dia a dia quando vivemos no automático. Ou seja, os objetivos forçados são aquelas tarefas que simplesmente aparecem, ou que nós traçamos sem considerar suas possibilidades e consequências. Elas requerem um esforço para alcançá-las ou até mesmo podem não ser humanamente atingíveis. Para entender melhor, vamos analisar cada um desses pontos – e o que *não se deve fazer*.

Objetivo específico

Digamos, por exemplo, que você defina seu objetivo como "ser um *freesider*". Isso não é específico! Você precisa entender de que forma se tornará um *freesider*. Por exemplo, serei *freesider* quando estiver ganhando por resultado e não por horas trabalhadas. Isso é específico!

Objetivo mensurável

É importante poder medir aquilo que você deseja obter. Não é correto, por exemplo, desejar ganhar o suficiente para pagar as contas. Primeiro porque você não especificou o valor, segundo porque viver para pagar as contas não é viver de verdade, é sobreviver. Por isso, seguindo o modelo anterior, coloque quanto você precisaria gerar de resultado mensal para ter a vida que gostaria como *freesider*. Coloque isso em números que você consiga medir.

Objetivo alcançável

Trabalhe com metas reais. Você deseja ganhar R$ 1 milhão em um mês sem nunca ter ganhado isso na vida? É praticamente impossível. Quer investir R$ 10 e ter um retorno 100 vezes maior? Boa sorte. Que tal pensar em algo possível como trabalhar com afinco, estudar e dedicar-se para poder ter uma renda maior trabalhando para você mesmo do que a que tinha em seu antigo emprego? Se você já ganhou algo trabalhando para os outros, pode repetir o resultado trabalhando para você. Esta é uma meta possível e que depende só de você!

Objetivo relevante

Da mesma maneira que desafios impossíveis servem para nos desestimular, algo fácil demais – ou que não diz respeito a nós mesmos – pode ser igualmente frustrante. Se você deseja prosperar na vida para fazer sua esposa ou marido feliz, por exemplo, está errado. O objetivo precisa ser importante para você, você deve querer atingi-lo. O ideal é perseguir seus sonhos – e se eles envolverem outras pessoas, tudo bem, mas é importante compreender aquilo que o fará feliz de verdade antes de qualquer outra coisa.

Objetivo temporal

É preciso ter datas certas para início, desenvolvimento e fim de um desafio. Não adianta pensar em "alguns meses" ou "até o final do ano". Pense em datas específicas, envolvendo até mesmo horários. Planeje-se, utilize um calendário e uma agenda – e se algo der errado no meio do caminho, basta reavaliar seu projeto.

Ainda confuso? Podemos sintetizar um objetivo S.M.A.R.T. em uma frase: "Eu serei *freesider* vivendo apenas de minha renda líquida de R$ 10 mil como empreendedor digital até 1º de dezembro de 2019".

Em vez de definir um objetivo, gosto de pensar em três metas distintas: a meta mínima – desafiante, divertida e simples de ser atingida; a meta boa – o objetivo real que faz meus olhos brilharem; e a meta incrível – que, se for atingida, vai me fazer soltar fogos de artifício e comemorar por semanas.

Outra dica importante: faça um compromisso público para

gerar alguma pressão a si mesmo. Com pessoas o cobrando, é mais difícil desistir. Ao mesmo tempo, você também irá criar confiança nas pessoas, já que elas saberão o que você está fazendo e irão oferecer ajuda. Se você firmou um compromisso, é porque tem um objetivo real, e utilizará a sua palavra, a qual está em jogo aqui: ao firmar um compromisso, não queremos "dar para trás".

Não esqueça de adicionar consequências: você pode usar algo material e adicionar um inimigo na fórmula. Por exemplo: se você não atingir sua meta, irá doar R$ 500 reais para alguém de que não gosta. Fica muito mais fácil perseguir seus desafios, certo?

Por outro lado, você também pode oferecer recompensas para si mesmo e para aqueles próximos de você, motivando todos ao redor para que a vitória seja uma regra, não a exceção.

É claro que nada disso é fácil – e não acontece da noite para o dia. Como já conversamos algumas vezes, implementar grandes mudanças exige tempo, paciência e perseverança. Você irá falhar algumas vezes até conseguir acertar – não é o erro que importa, mas a lição que você irá tirar dele.

Lembre-se: objetivos precisam ser mensuráveis e atingíveis. Se você entender que está aberto a falhas, como qualquer pessoa, já estará colocando a lição deste capítulo em prática.

Faça um compromisso público para gerar alguma pressão a si mesmo. Com pessoas o cobrando, é mais difícil desistir.

Capítulo 11
A aprendizagem

Certa vez, li um comentário em algum de meus vídeos sobre um rapaz que estava cético sobre o estilo *freesider*, por ter percebido que as chances de sucesso e fracasso eram meio a meio: as chances de fracassar e de ser bem-sucedido eram iguais. Passei um bom tempo refletindo sobre essa questão, que tem tudo a ver com a maneira como nós pensamos nas coisas – algo que você já conheceu durante este livro e leva o nome de *mindset*.

Acredito que o fracasso não é nada além de uma etapa do sucesso. Você fracassou em algo? Que bom. Significa que está caminhando rumo ao sucesso, afinal de contas, você aprendeu o que não fazer – e, em novas tentativas, estará mais perto de atingir o resultado esperado.

Na primeira vez que andamos de bicicleta, a chance de cair era de quase 100%. Diga com honestidade: quantas pessoas você conhece que conseguiram, de primeira, sair por aí pedalando em duas rodas?

Ainda assim, você – e todas as outras pessoas que decidiram aprender a andar de bicicleta – tentou. E tentou de novo. E mais uma vez. Até conseguir.

É preciso cair, sentir medo, aprender a deixar o guidão estável e seguir pedalando para conseguir, finalmente, ter a realização desejada. As tentativas repetidas fazem com que nosso cérebro entenda qual é o ponto de equilíbrio que precisamos alcançar para sermos bem-sucedidos.

Depois de absorver esse aprendizado, cair da bicicleta torna-se algo muito mais raro – e, quando acontece, tem muito mais a ver com fatores externos (alguma distração, outro veículo, um terreno que não contribua para o passeio) do que com sua cognição.

Você inverteu a balança da probabilidade, agora é quase 100% de chance de que você não caia da bicicleta.

Certa vez, um engenheiro decidiu se desafiar: ele mudou a configuração mecânica de uma bicicleta, para inverter os movimentos do guidão. Diferentemente do que estamos acostumados, quando ele movimentava a bicicleta para a esquerda, a roda se movia para a direita – e vice-versa. A ideia era simples: confundir o cérebro para conseguir reaprender algo que já estava enraizado em sua mente durante décadas. Dessa vez foi ainda mais difícil e levou muito mais tempo, pois, além de aprender uma nova abordagem, ele ainda precisava desaprender a antiga e lutar contra velhos hábitos arraigados.

O exemplo da bicicleta pode ser aplicado em todas as situações da vida. Quantas vezes, afinal de contas, você já se encontrou em uma situação que se mostrava completamente desafiadora – e muitas vezes, como uma *bike* invertida, apresentando-se de uma forma que você nunca havia encontrado antes?

A vida apresenta desafios que soam impossíveis – e que, em nossas primeiras tentativas para superá-lo, mostram uma chance quase certa de fracasso completo. No entanto, é por meio de repetições, aprendizados e de muita calma e perseverança que, com as próprias mãos e o próprio esforço, essa probabilidade muda de figura – e, ao passo que o fracasso tende a desaparecer, o sucesso torna-se pura e simplesmente questão de tempo.

Relacionamentos são assim. A vida familiar é assim. Nossos trabalhos são assim. Se você se dedica o suficiente e acredita que aquilo é para você, tentando até que o cérebro assimile a informação, tudo irá mudar.

Imagine que alguém aparecesse na sua vida com um cheque no valor de R$ 1 milhão, assinado no seu nome. A condição para você sacá-lo seria apenas uma: enfrentar um período lidando com fracassos e frustrações, precisando buscar aprendizado, crescimento, sem deixar de lutar por um dia sequer. Ao final desse período, o dinheiro seria seu.

Você iria lutar? Entraria em campo e colocaria em prática tudo o que aprendeu para pegar esse cheque e depositar na sua conta? Se a sua resposta é sim, parabéns: você entendeu tudo o que foi ensinado neste livro.

O fracasso não é o final. É uma etapa. Ele existe para ser superado – e para transformar-se em sucesso.

Olhe para cada fracasso que se apresentou em sua vida como uma oportunidade de acertar na tentativa seguinte. Quando você fracassar de novo – e você irá, pois visará ao sucesso e ao bem-estar –, pense no que pode aprender. Qual é a lição que se apresenta a você? Cresça e alcance os resultados que busca.

A sua jornada da liberdade está apenas começando. Cada aprendizado deste livro, cada *insight* e descoberta devem ser verdadeiros trampolins para que você tenha a vida que deseja.

As tentativas repetidas fazem com que nosso cérebro entenda qual é o ponto de equilíbrio que precisamos alcançar para sermos bem-sucedidos.

O fracasso não é o final.
É uma etapa. Ele existe
para ser superado –
e para transformar-se
em sucesso.

A melhor escolha que você pode fazer

Cresci ouvindo meu pai reclamar de que ele não havia seguido seus sonhos porque precisava colocar comida em casa.

Depois de demitir uma leva de pessoas no banco em que trabalhava, ele passou oito anos em depressão.

Eu me sentia responsável pela infelicidade do meu pai e por ele não ter conseguido alcançar a vida que merecia, realizando seus sonhos. Todo dia isso me machucava – e essa foi a primeira coisa que me fez querer ter uma vida diferente da dele. Fazer com que cada gota de suor valesse a pena.

Eu queria viver de forma diferente. Queria que existisse uma possibilidade de ganhar dinheiro e viver a vida sem esperar. Trabalhar para pagar contas não fazia sentido para mim, eu precisava de mais.

Enxergo grande parte da vida de outras pessoas, hoje, em um regime de escravidão moderna. Elas trabalham para ter uma moradia, algumas roupas e o mínimo de conforto. E isso não é viver.

Tenho sido acompanhado por um *personal trainer*. Andei conversando com ele, e gosto de fazer uma pergunta para as pessoas que têm emprego e estão fora do mundo em que vivo: "Cara, me conta uma coisa: qual é o seu objetivo de vida?", perguntei. "Quanto você teria que ganhar por mês para sentir-se bem-sucedido?", emendei, antes que ele começasse a responder.

Ele disse que não precisava de muito. "O que der para sobreviver está bom", completou. Pensou mais um pouco. "Acho que R$ 4 mil reais me permitem educar a minha filha, viver bem, fazer aquilo de que gosto".

Quatro mil reais.

"E o que você precisa fazer para ganhar esse dinheiro?", quis saber. "Atender três ou quatro pessoas do jeito que atendo você", explicou.

"Seu sonho de vida é ter quatro clientes?", provoquei. Sabia que algo estava errado. "Por que você não quer crescer?", rebati.

A resposta dele me deixou em silêncio por alguns instantes.

"Porque eu quero sobreviver."

Toda vez que ouço alguém falando que só deseja sobreviver, vejo porque é tão importante levar a mensagem de liberdade para o mundo. O meu *personal trainer* me atende durante uma hora por dia – assim, precisaria trabalhar apenas quatro horas por dia para atingir seu objetivo de vida.

Quando nós jogamos para sobreviver, nós sobrevivemos – mas não realizamos o necessário para fazer a diferença, causar transformações no mundo e atingir uma vida incrível. Percebo que aquelas pessoas que desejam apenas sobreviver são justamente aquelas que, ao fim da vida, exprimem o desejo de terem vivido mais, pensando em tudo o que poderiam ter feito diferente, os momentos que ficaram para trás e as chances perdidas.

Temos sido doutrinados para não ter opção. Para não querermos mais da vida. Doutrinados para sobreviver.

Qual é o legado que deixamos? Qual a mudança que provocamos?

Nós estamos sendo ensinados a passar pela vida em vez de vivê-la, sem a ambição de viajar, conhecer pessoas diferentes, evoluir. Este é um sonho que foi tirado do horizonte de muita gente.

Cadê a criança que gostaria de ser astronauta, presidente, fazer a diferença? Por que não corremos mais atrás de nossos sonhos, desistindo tão fácil de cada um deles?

Acredito que meu maior objetivo com a filosofia *freesider* é despertar a esperança nas pessoas. A vontade de viver e de fazer a diferença, olhando para a vida e sorrindo em vez de se arrepender.

E o mais importante não é a chegada, mas o desafio delicioso da jornada.

Sinto uma satisfação inenarrável quando vejo meus alunos mudarem a maneira de pensar, começando a assumir as rédeas da própria existência. Às vezes, tudo o que basta é uma conversa, e parece que uma chave gira dentro deles.

Um rapaz, certa vez, entrou em contato comigo explicando que ganhava R$ 800 mensais e tinha R$ 900 de custo.

Não são os valores que me impressionam, mas a incapacidade de enxergar a possibilidade de conquistar mais R$ 100.

Lembro-me de quando minha esposa, Gabi, ainda estava cursando a faculdade de Farmácia, logo depois de concluir o Ensino Médio. Ela passou em um concurso público, trabalhando em período integral, e seu curso também tomaria grande parte do dia. Morando em Goiânia, ela precisava sustentar parte da casa, já que seu pai havia voltado para Recife e não tinha condições financeiras de ajudá-la.

Uma missão impossível, certo?

Errado.

Quando a pessoa está focada em soluções, começa a enxergar novas possibilidades. Negociando faltas no trabalho e no curso para dar conta das duas obrigações, ela seguiu em frente, recebendo abonos de falta na faculdade em troca de ótimas notas.

Não satisfeita, ela complementava a renda vendendo salgados que minha avó fazia, e assim conseguia viver melhor. Além disso, depois de algum tempo ela encontrou um estágio na própria área de formação.

Conto isso por um motivo simples: todo mês, o rapaz que entrou em contato comigo fica sem dinheiro. Sua dívida só aumenta. Em vez de perguntar-se como ter mais dinheiro e ganhar mais, ele se lamenta. Com o passar do tempo, as pessoas estão ficando cada vez mais focadas nos problemas – e cada vez mais deixam de pensar nas soluções.

A única coisa que as pessoas precisam saber para poder colocar o mínimo na mesa de casa é entregar valor, mas somos tão bitolados com a ideia de ganhar dinheiro, que deixamos de perceber algo simples: **o dinheiro vem à medida que você ajuda as pessoas**, seja cortando cabelos, cozinhando, seja empreendendo.

Quanto mais problemas você resolve, mais dinheiro você ganha. É matemática básica.

Se hoje uma pessoa não tem dinheiro, é porque ela não está resolvendo problemas suficientes. A partir do momento em que você entende isso e começa a se preocupar em resolver problemas em vez de simplesmente "estar empregado", sua vida se transforma.

Hoje tenho sucesso porque ajudo pessoas a resolverem o problema da falta de liberdade, da sensação contínua de infelicidade.

A partir de agora, com este livro, o meu desejo mais sincero é de que você entenda que tudo na vida se resume a ajudar alguém. Resume-se a preocupar-se com o próximo. A criar empatia. É assim que você irá colher resultados positivos.

Não importa se isso acontecerá rápido ou levará um tempo: aplique esse conhecimento em sua vida, compreenda essa forma de pensar e encarar o mundo, pessoas e dinheiro, e sua vida irá transformar-se cedo ou tarde. Um mês, um ano, dois anos, não importa: irá acontecer.

É esse o caminho para a liberdade plena. Não a simples ideia de ter dinheiro na conta – dinheiro vai e vem, começa e acaba. Estou falando da liberdade de saber que, independentemente do que você fizer na vida, irá ser bem-sucedido por ter ajudado os outros. E quanto mais pessoas você ajudar, mais dinheiro você vai ganhar, mais sucesso vai ter e melhor ficará o planeta.

Que cada página deste livro o tenha ajudado a dar um passo para a frente nesta jornada que é só sua. Sinto-me imensamente honrado por ter feito parte de um dos capítulos de sua vida.

Este livro chega ao fim, mas a sua vida ainda trará centenas de outras páginas – mais belas, mais prósperas, mais bem-sucedidas.

Só depende de você.

E o mais importante
não é a chegada,
mas o desafio delicioso
da jornada.

Quando a pessoa está focada em soluções, começa a enxergar novas possibilidades.

Comece sua jornada da liberdade

Este livro foi impresso pela gráfica
Rettec em papel norbrite 66,6 g.